Último Dia Todos os Dias

Último Dia Todos os Dias

e outros escritos sobre cinema e filosofia

Adrian Martin

tradução de Rita Benis

punctum books ✶ brooklyn, ny

 ÚLTIMO DIA TODOS OS DIAS (e outros escritos sobre cinema e filosofia)
© Adrian Martin, 2015.

Tradução: Rita Benis. Revisão: Susana Nascimento Duarte.

Este livro é de livre acesso. Significa que o seu conteúdo pode ser copiado, distribuído, reproduzido e comunicado publicamente, desde que a sua autoria seja referida de forma clara e este não seja usado para fins comerciais de qualquer tipo, nem seja alterado, transformado, ou usado fora do seu âmbito normal no contexto académico, sem a expressa permissão do autor e do editor deste volume, ou sem o reconhecimento explícito da sua autoria.

Publicado originalmente como *Last Day Every Day: Figural Thinking from Auerbach and Kracauer to Agamben and Brenez*, em 2012, por Dead Letter Office, BABEL Working Group, uma série da editora punctum books, Brooklyn, New York, http://punctumbooks.com.

Esta edição foi produzida conjuntamente por Centro de Estudos Comparatistas | Faculdade de Letras da Universidade de Lisboa e punctum books, 2015.

Este livro é financiado por Fundos Nacionais através da FCT – Fundação para a Ciência e a Tecnologia no âmbito do projecto «Falso Movimento – Estudos sobre escrita e cinema (PTDC/CLE-LLI/120211/2010)».

ISBN-13: 978-0692402764
ISBN-10: 0692402764

para Cristina Álvarez López

Índice

Figuras num Jardim   i
O Efeito Dominó

// Cristina Álvarez López

Último dia Todos os Dias   1
Pensamento Figural, de Auerbach e
Kracauer a Agamben e Brenez

// Adrian Martin

Avatares do Encontro   33

// Adrian Martin

Bibliografia   51

Figuras num Jardim
O Efeito Dominó

Cristina Álvarez López

Numa primeira leitura, poderíamos deduzir que *Último Dia Todos os Dias* é, essencialmente (como o seu subtítulo original parece indicar), uma digressão pelo pensamento figural a partir de uma série de autores chave. De facto, o livro traça um percurso que pode ser encarado como uma tentativa de historização, mas uma que não pretende ser exaustiva, fechada ou cronológica. A história que *Último Dia Todos os Dias* esboça é apenas uma de tantas possíveis; uma história muito pessoal e, de certo modo, única; que toma por base uma série de fragmentos de textos dispostos, segundo Martin, "mais ou menos pela mesma ordem em que estes chegaram até mim, a ordem em que me encontraram." O livro explora esses textos, revelando harmoniosas relações entre si e traçando um mapa de conexões (algumas evidentes, outras mais intricadas, mas sempre criativas e subtis). Às vezes deixa-se levar por digressões poéticas (como a reflexão dedicada ao acto de nomear) que encaixam surpreendentemente bem no *corpus* central deste trabalho, deixando a descoberto a sensibilidade particular do seu autor.

Último Dia Todos os Dias pode ser uma boa introdução ao pensamento figural para aqueles que não estão familiarizados com este tópico. No entanto, embora Martin se detenha sobre uma série de conceitos e noções-chave, jamais procura definir o seu objecto de forma plana e esquemática, nem tão pouco dissecá-lo a partir de uma série de princípios básicos. Isto pode parecer algo desconcertante para quem, como eu, chegue a este livro sem nenhum contacto prévio com a teoria figural. Mas quando conseguimos trespassar a superfície e deixamo-nos levar pelo jogo proposto pelo seu autor — que não é nenhum outro senão o de abordar o figural a partir da sua colocação em prática, isto é: *criando a sua figura* — o livro revela-se uma aproximação verdadeiramente apaixonante e esclarecedora, totalmente coerente com o seu objecto, em perfeita fusão com este.

Além disso, ao ler-se *Último Dia Todos os Dias*, compreende-se de imediato que é fora da teoria pura e dura — mais precisamente no contacto com a prática artística, com a crítica ou com a análise — que muitos caminhos e preocupações do pensamento figural são desenvolvidos. Por exemplo, um texto brilhante (além de breve e conciso) como 'Préciser Renoir', de Nicole Brenez —, dedicado à análise concreta das relações figurais existentes entre *Passeio ao Campo* (*Partie de Campagne,* 1936), de Jean Renoir, e *Sombra* (*Sombre,* 1998), de Philippe Grandrieux —, pode dizer-nos tanto ou mais sobre pensamento figural — esclarecendo-nos as ideias de um modo mais claro e directo — que um texto puramente teórico. Aliás, hoje em dia não é estranho encontrarmos escritos sobre um ou vários filmes que, sem mostrar sinal algum de preocupação teórica, se erguem — consciente ou inconscientemente — sobre ideias, intuições ou eixos de investigação dificilmente alheios ao campo figural. Esta é uma confirmação feliz e libertadora (certamente libertadora para mim, mas também, creio, para a própria corrente figural — já que estas manifestações, que nos chegam de fora da teoria, são aquelas que nos dão a melhor medida da sua necessidade e evidenciam que esta nasce como resposta a um impulso real).

Algo de tudo isto está implícito no próprio itinerário proposto por *Último Dia Todos os Dias*. Entre os nomes que figuram no subtítulo original, dois deles — Erich Auerbach e Nicole Brenez — estão inconfundivelmente ligados ao pensamento figural. O primeiro porque, a partir do seu livro *Mimesis* e, sobretudo, do seu ensaio "Figura", abre caminho através de uma série de ideias ou imagens (o Dia do Juízo Final, o Além, a consumação, a redenção ...) que, na exposição de Martin, serão convertidas em figuras; figuras continuamente revisitadas, retrabalhadas e repensadas pelo livro. Brenez, por seu turno, providencia uma base teórica mais sólida — permitindo ao autor esboçar diversas aproximações à ideia de figura e de figuração, ou oferecer-nos uma requintada e poética passagem sobre os diferentes tipos de sombra — uma vez que, tal como Martin refere, foi Brenez quem, "no campo dos estudos fílmicos europeus contemporâneos, forjou a palavra figura (e todas as suas derivações: figurativo, figurável, etc.)".

O caso de Siegfried Kracauer e de Giorgio Agamben é, todavia, diferente. Nos seus escritos a conexão com o pensamento figural não é tão evidente ou não está reflectida de forma tão explícita como em Brenez ou Auerbach. Com Kracauer e com Agamben (e também com Walter Benjamin), Martin procede à análise e à interpretação dos seus textos procurando realçar o seu fundamento figural. A passagem dedicada ao ensaio *The Detective Novel*, de Kracauer, culmina quase febrilmente com esta cadência, agitada e vertiginosa, de enlaces:

> É então que o herói da ficção policial passa a funcionar, no seu ponto mais alto de redenção, como uma figura de tensão "que habita as esferas intermédias" (Kracauer

2001, 201), que vive entre esferas, entre os dois reinos, mesmo se o reino definitivo — o reino real — seja jamais aquele sítio em que consiga viver. Começamos a ver a lógica da imagem de capa do editor francês: Scottie (James Stewart), em *A Mulher que Viveu Duas Vezes* (*Vertigo*, 1958) surge como o órfico anti-herói que caminha entre os fantasmas e as sombras, entre o domínio dos vivos e dos mortos (o romance de Boileau/Narcejac, em que o filme se baseia, tem o título de *D'entre les morts;* na verdade, esta dupla escreveu também, em 1964, um estudo de não ficção intitulado *Le roman policier*!).

Os parágrafos finais de *Último Dia Todos os Dias* imergem num breve ensaio de Agamben, *O Dia do Juízo Final*, de 2007. Trata-se de um dos fragmentos mais comoventes do livro. Nele, a beleza do texto original é redobrada pela elegância dos comentários de Martin e pela afectuosa descrição que faz da fotografia que inspirou Agamben:

Agamben oferece um exemplo admiravelmente artificial e perfeitamente alegórico, aquele com que adorna a capa do livro: uma imagem tirada em Paris, hoje considerada como "a primeira fotografia em que aparece uma figura humana" (Agamben 2007, 23) — "Boulevard du Temple", de Louis Daguerre (1838). Apenas uma figura numa rua que, logicamente, deveria parecer agitada e repleta de gente. No entanto, dado o longo tempo de exposição que os primitivos aparelhos necessitavam para que a luz imprimisse algo na película, a rua surge estranhamente vazia — exceptuando essa única estrela escura, essa massa disforme de um ser humano, situada no canto inferior esquerdo da imagem. Precisamente por estar inadvertidamente quieto, ou estático, o gesto deste homem acaba por ficar imortalizado na histórica fotografia. Mas que gesto é este que vem representar, emblematizar e, na verdade, substituir este indivíduo anónimo de Paris? Não os gestos extáticos, de dor ou alegria, vida ou morte, perseguidos por Aby Warburg (outra obsessão de Agamben). De facto, um gesto absolutamente banal: o homem, aparentemente, aguardava enquanto lhe engraxavam os sapatos.

Estas imersões no pensamento, nas preocupações e nos estilos dos autores comentados formam uma constante em *Último Dia Todos os Dias*. Martin desconstrói, passo a passo, o desenvolvimento dos fragmentos citados, decompondo-os e recompondo-os cuidadosamente. Somente depois de tal operação é que os textos se iluminam, revelando essas "imagens", "configurações" e "dispositivos" figurais que o autor neles encontra — ou, nas palavras de Kracauer, é apenas então que os "nomes entregarão os seus segredos". Esta visão retrospectiva, este olhar sobre uma série de obras que revelam novos horizontes ao serem lidas sob a lupa do figural, não é meramente aplicado aos textos, mas também à própria análise cinematográfica. As procissões medievais descritas por Auerbach servem de modelo para discutir a sequência de abertura de *O Meu Maior Pecado* (*The Tarnished Angels*, 1957), de Douglas Sirk, na qual quatro personagens são dispostas e fixas nos lugares que ocuparão o resto do filme. De forma similar, os escritos de Claude Ollier (outro nome importante para o autor) sobre Josef von Sternberg e, em particular, sobre a noção de estereótipo, servem para encerrar uma passagem reveladora em que o autor nos faz participar do "choque salutar" que experimentou ao rever *O Anjo Azul* (*Der Blaue Engel*, 1930):

> ... um filme que eu casualmente (na verdade, estupidamente) recordo como sendo um velho clássico do cânone — sabotado, sem dúvida, pelas dificuldades tecnológicas de combinar e sincronizar, no início do sonoro, os sistemas de gravação de imagem e de som. Mas o filme, visto através do filtro de Auerbach e do seu cír-

culo, torna-se, de novo, extraordinário. O que rejeitei uma vez por considerar rígido e estático é na realidade um deliberado esquema artístico: literalmente, uma procissão de figuras, de personagens transformadas em figuras (brinquedos, bonecos, estátuas, figurinos de todos os feitios, etc.), dispostas no enredo em repetidas configurações, em diagramas pictóricos de indução, de circularidade, em progressões móveis, paralelas, de tipo itinerário. O filme conjura, de todas as formas brilhantemente inventivas, que Sternberg sempre guardava na manga, uma ressurreição para o cinema de Weimar: aquilo a que Auerbach se referia como "a procissão dos profetas no teatro medieval e nas representações cíclicas das esculturas da mesma época". (Auerbach 1959, 52)

Em *Último Dia Todos os Dias*, Martin descreve três maneiras de situar o figural: "como algo que floresceu e morreu num tempo especifico e num dado lugar histórico"; como algo que permanece "sempre latente, possível e virtual"; ou, seguindo Bill Routt, como algo "absolutamente fundamental, essencial, inerente ao próprio acto da crítica". O seu livro nasce da interacção entre estas duas últimas possibilidades, além da convicção (muito *auerbachiana*) de que necessitamos de ambas. Martin acredita nesta regeneração do figural, que surge em diferentes tempos e lugares, adoptando formas distintas — se há algo que *Último Dia Todos os Dias* confirma, de todos os modos possíveis, é que o trajecto figural só se completa quando estas formas são submetidas à interpretação, quando encontram "um destinatário". Para Martin, assim como para Routt, a "crítica é o que preenche a obra de arte, elevando-a, redimindo-a — e também completando-a, finalizando-a, fechando-a na conclusão do circuito figural".

Mas em que medida realiza *Último Dia Todos os Dias* este trabalho de crítica e interpretação? Enquanto Martin salta agilmente de um texto para outro, e a narração avança catapultada por pequenos mecanismos (seja uma imagem, uma preocupação comum ou uma referência compartilhada por dois pensadores), o seu texto vai-se aprofundando, enraizando-se, adquirindo um depósito mais denso: este duplo movimento dá ao livro a sua energia particular. O autor regressa constantemente a uma série de conceitos relacionados com o último dia, o Dia do Juízo Final — é esta a figura que é obsessivamente escrutinada e perseguida através do livro inteiro. E, de cada vez que é revisitada, descobrimos nela um traço ou um perfil novo que a modifica. Neste sentido, o filme ideal para acompanhar a leitura de *Último Dia Todos os Dias* (e eu posso assegurar que isto é verdade porque — casual ou premonitoriamente — vi-o pela primeira vez na mesma noite em que terminei este livro) é *4:44 - Último Dia na Terra* (*4:44 - Last Day on Earth*, 2011), de Abel Ferrara, um filme ferverosamente preocupado com as implicações e a representação desta figura, e construído sobre o mesmo paradoxo que dá título a este livro.

Em *Último Dia Todos os Dias*, não só certos conceitos, imagens e ideias são tratados como figuras, como também os próprios fragmentos citados recebem um tratamento figural. Assim, a citação não é um mero suporte nem uma simples ferramenta usada para autorizar ou confirmar uma hipótese — mas sim algo desenhado e moldado, revolvido e volteado, disposto numa série. Martin tem sempre em conta a energia e o ritmo de cada oração e, com a sua inconfundível acuidade e paixão — atributos que o levam a classificar uma definição de Brenez como um colossal *"whopper proustiano"* ou a deter-se numa máxima de Kracauer para exclamar "que frase, que imagem, que ideia!" —, reescreve cada fragmento, devolvendo-o iluminado por dentro. Por tudo isto, uma das melhores coisas que pode ser dita sobre *Último Dia Todos os Dias* é que este inspira no leitor um verdadeiro desejo de aprofundar a obra dos autores que marcam o seu itinerário.

Quando, há alguns meses, tive a sorte de ler *Último Dia Todos os Dias*, ainda não podia captar, numa única leitura, a intensidade do trabalho figural conseguido por Martin; mas perseverei porque, tal como canta Leonard Cohen, "love calls you by your name" — há chamadas que, simplesmente, não podem ser ignoradas. Mais tarde, convenci-me de que necessitava de traduzi-lo para o espanhol (com o que o autor gentilmente concordou) e foi então que este pequeno livro começou a revelar-me muitos dos segredos concentrados nas suas páginas. Não aconteceu logo de imediato, mas agora vejo com claridade a figura criada pelo livro. É uma figura formada por todas as outras e evocada na infinidade de variações do tema da serialidade — variações que vão do geral (a citação de Ricœur que encontramos ao início) ao concreto (a frase de Agamben que Martin toma emprestada para o título). Uma figura é logo anunciada no parágrafo de abertura, quando Martin faz referência a uma conferência em que Gayatri Spivak procede dispondo uma série de livros sobre uma mesa, utilizando passagens deles (que leria em voz alta para depois comentar). Claro que só conseguimos ver essa figura na totalidade, tendo a passagem sido concluída pelo autor e tendo o leitor tomado parte nisso. Aqui temos, de novo, outra demonstração que confirma quão central é, para *Último Dia Todos os Dia*s, a ideia de Auerbach de figuração como "sistema de profecia" — onde um processo inicial anuncia o segundo e o segundo preenche o primeiro.

O gesto decisivo de *Último Dia Todos os Dia*s consiste em dar um passo mais além e converter esta figura num dispositivo: algo como o equivalente literário daquilo que conhecemos por efeito dominó. O livro substitui as peças de dominó por citações, cada uma representando uma figura distinta (quase sempre relacionada com a ideia central de último dia). As citações são colocadas em série, formando uma cadeia; basta um pequeno empurrão para que cada uma delas, ao tomar contacto com a ideia seguinte, vá caindo (isto é: abrindo-se, revelando-se). Durante o processo, as figuras deste jardim vão mostrando-nos insólitas perspectivas e, uma vez tendo todas caído, acedemos a um desenho global completamente novo. O efeito dominó desencadeia assim um movimento em grande escala a partir do menor dos gestos; todavia, por baixo da aparente simplicidade deste mecanismo esconde-se uma preparação árdua, milimétrica, em que cada peça é cuidadosamente construída e disposta, tendo em conta uma infinidade de parâmetros. Em *Último Dia Todos os Dias*, cada fragmento é tratado *como* se fosse o último, mas reverbera com o efeito do seu predecessor e provoca um impacto no que vem depois.

No *mail* que fecha o livro, Nicole Brenez escreve que "quanto mais singulares e únicos forem [os filmes], mais terão a oferecer ao conhecimento da figuralidade", porque são estes "nas suas singularidades, que estão a enriquecer o método". *Último Dia Todos os Dias*, este modesto livrinho "escrito em poucos minutos, depois de vários anos", incorpora esta afirmação e converte-a na sua resplandecente e rigorosa missão.

Último Dia Todos os Dias
Pensamento Figural, de Auerbach e Kracauer a Agamben e Brenez

Adrian Martin

> Em cinema, apenas existe a *presunção* das figuras.
> Nicole Brenez

Uma vez em Melbourne, há cerca de 25 anos atrás, assisti a uma palestra de Gayatri Spivak, em que esta tinha disposto, numa longa mesa à sua frente, uma sequência de livros, alinhados lado a lado. Cada livro estava virado para baixo, aberto e marcado em determinada página, com a lombada à vista. A palestra consistia na autora avançar mesa abaixo, pegar num livro à vez — Heidegger, Freud, Derrida —, de poucos em poucos minutos, aparentemente improvisando sobre uma passagem que começava por ler em voz alta. Parecia uma maneira bastante natural, fácil e espontânea de dar uma palestra, mesmo que (claro) fosse tudo completamente premeditado, artificial e teatral.

Quase que poderia reencenar aqui este impressionante truque de Spivak, pois irei, de forma semelhante, abrir caminho através de uma série de fragmentos citados. Irei igualmente perseguir uma ideia, um tanto obscura e difícil, através de um conjunto de textos — mais ou menos pela mesma ordem em que estes chegaram até mim, a ordem em que me encontraram. Esta ideia é a ideia de *figura*, que é simultaneamente uma coisa muito simples e muito complexa; algo que tem tanto de natural e de acessível como de artificial e de teatral.

Opto por começar com Paul Ricœur, com o seu ensaio de 1974 "A Philosophical Interpretation of Freud". Comprei o livro em que este ensaio surge, *The Philosophy of Paul Ricœur: An Anthology of His Work*, por um dólar, numa livraria de alfarrabista, já lá vão uns 30 anos. Finalmente encontrei-lhe utilidade (nota para mim mesmo: não deitar nada fora). Neste texto, uma súmula do seu trabalho sobre Freud, Ricœur complementa a ideia daquilo que denomina de *arqueologia* na teoria de Freud,

> a restrita arqueologia dos instintos e do narcisismo, a arqueologia generalizada do superego e dos ídolos, a hiperbólica arqueologia da guerra dos gigantes Eros e Thanatos (Ricœur 1978, 181),

com outra ideia que considera igualmente necessária: a de *teleologia*. Cada uma das ideias supõe um sujeito individual e aquilo que Ricœur denomina de "uma concepção de filosofia reflexiva". A arqueologia atira/atrai o sujeito para trás — para as origens, as pulsões, os mitos originários — enquanto a teleologia empurra/projecta o sujeito para a frente.

Ricœur é cândido em relação ao Pensador Mestre de quem ousa aqui apropria-se: admite que o sistema de Freud se baseia fundamentalmente no aspecto arqueológico por ser, na "expressão rigorosa de Freud, uma decomposição regressiva" que "não necessita de propor qualquer síntese". É por isso que *teleologia,* no sentido que Ricœur lhe atribui, "não é uma ideia *freudiana*, mas sim uma noção filosófica que o leitor de Freud forma por sua conta e risco" (Ricœur 1978, 181).

Tomemos então esse risco, com Ricœur, e vejamos onde é que isso nos leva. Ricœur escreve — naquela que é, para mim, a mais impressionante e enigmática formulação deste ensaio — que:

> A apropriação de um significado constituído previamente a mim pressupõe o movimento de um sujeito lançado para além de si mesmo por uma sucessão de "figuras"; cada uma delas encontrando o seu significado nas que lhe sucedem. (Ricœur 1978, 181)

Esta noção de figura, diz-nos Ricœur, está "vinculada" ["attached"] (eis uma boa palavra) — enquanto derivação de — à *Fenomenologia do Espírito*, de Hegel. Teleologia, acrescenta, é "a única lei para a construção das figuras do espírito" (Ricœur 1978, 181). Ricœur procura assim encontrar um modelo para dar conta do que descreve como "maturação": "o crescimento do homem para além da sua infância". A psicologia ou a psicanálise podem dizer-nos como é que uma pessoa "deixa a sua infância", mas um caminho mais extenso é requerido: a pessoa deve tornar-se

> capaz de um *certo itinerário significativo* que terá sido ilustrado por um certo número de configurações culturais — as quais, por sua vez, extraem o seu sentido do seu encadeamento prospectivo. (Ricœur 1978, 181, ênfase minha)

Portanto, de certa forma, saindo do Imaginário e virando-se para o Simbólico. No entanto, Ricœur não está aqui a oferecer uma apologia do *status quo* ou da socialização ordeira do indivíduo, nem daquilo que ele descarta como "o mais vulgar conformismo" (Ricœur 1978, 182). "Teleologia não é finalidade", assevera:

> As figuras numa teleologia dialéctica não são causas finais, mas sim significados que extraem o seu próprio sentido do movimento de totalização que os transporta e empurra para além de si mesmos. (Ricœur 1978, 182)

O movimento das figuras do espírito: cá está uma exigente abstracção *hegeliana*, difícil de apreender. Mas eu quero focar-me, em termos cinematográficos, no tipo específico de movimento que Ricœur propõe: um movimento em etapas, um tipo de movimento faseado, com marcos ao longo do caminho. Estas são as figuras, as escalas do Ser (de estação em estação), onde o indivíduo devém, se assume, atinge um estádio particular da sua personalidade ou do seu destino — com a salvaguarda de que essa identidade ou destino nunca é fixo de antemão.

Hoje em dia, em grande parte da teoria e da prática cultural, lidamos com uma ideia de movimento bastante distinta, ainda que de inspiração cinemática: rápidas ou lentas mutações ou *morphings*, algo transformando-se noutra coisa, sempre à beira da transformação, perfeitamente fluido, solto. O recurso de Ricœur à figura, como ideia central ou metáfora, tem algo de majestoso e calculado (aquele plano ou trajecto do itinerário significativo, posto em marcha), além de suscitar uma série de devaneios, de variedade um tanto clássica, na minha memória: as portas da consciência que se abrem para o infinito, uma após a outra, na sequência do sonho em *A Casa Encantada* (*Spellbound*, 1945), de Alfred Hitchcock; os labirínticos e intricados mundos paralelos do thriller fantástico de terror *A Nona Porta* (*The Ninth Gate*,

1999), de Roman Polanski, semelhantes aos níveis cada vez mais difíceis dos videojogos; os livros citados por Spivak, um seguido ao outro, alinhados mesa abaixo; a viagem do velho sem-abrigo Ventura, de casa a casa, casebre em casebre, em *Juventude em Marcha* (2006), de Pedro Costa.

Vem-me ainda à ideia um certo tipo de narrativa fílmica fantástica, igualmente antiquada e contudo totalmente moderna: todas aquelas histórias de indivíduos que se confrontam fisicamente com os seus duplos (*doppelgängers*), com os fantasmas dos seus antigos ou futuros eus — desde *Duelo no Deserto* (*The Shooting* [1966]), de Monte Hellman à versão do conto de Edgar Allan Poe, *Histórias Extraordinárias* (*Spirit of the Dead*, 1968), de Federico Fellini, passando por *Um Homem na Sombra* (*Monsieur Klein*, 1976), de Joseph Losey e *Noite de Estreia* (*Opening Night*, 1977), de John Cassavetes, ou *Amor Eterno* (*L'Amour à Mort*, 1984), de Alain Resnais e também o psicodrama de câmara *Depois do Ensaio* (*Efter Repetitionen*, 1984), de Ingmar Bergman, até chegar às comédias dramáticas geracionais de Pedro Almodóvar, ou ainda aos desdobramentos psíquicos de David Lynch — ou a *Três Vidas e uma Só Morte* (*Trois Vies & Une Seule Mort*, 1996), de Raúl Ruiz, ou a *História de Marie e Julien* (*Histoire de Marie et Julien*, 2003), de Jacques Rivette, e assim por diante. "O casamento entre uma mente de vinte anos e um fantasma violento revela-se decepcionante", escreveu o poeta René Char, "porque nós próprios somos decepcionantes" (Char 1964, 126). Também Ventura, em *Juventude em Marcha*, de Pedro Costa, parece incarnar algum tipo de fantasma, um fantasma com muitos, muitos filhos; na verdade, praticamente todos aqueles com quem se cruza e que cumprimenta como o seu filho há muito perdido, para sempre a si ligado — apesar de nada confirmar ou negar esta hipótese em definitivo.

Enfim, mas eu não comecei pelo princípio. Não há muito tempo, passei cerca três anos a traduzir um livro: o de Nicole Brenez sobre o cineasta americano *Abel Ferrara*

(2007). Posso dizer com exactidão e certeza que foi Brenez quem, no campo dos estudos de cinema europeu contemporâneo, forjou a palavra *figura* (e todas as suas derivações: figurativo, figurável, etc.), mesmo se a palavra já tivesse sido anteriormente utilizada/declinada por Jean-François Lyotard, Stephen Heath, David Rodowick, Dudley Andrew entre outros. Mas Brenez não se refere nem toma nada de emprestado destes utilizadores, ou usos, do termo (relativamente contemporâneos). Ela cria o termo de forma completamente nova: ateia-lhe uma chama e trabalha em seguida no rasto que essa luz produz. Após finalizar, após três anos a trabalhar na tradução deste seu longo texto sobre Ferrara, percebi que esta palavra *figura*, que traduzi literalmente centenas de vezes, permanecia ainda um mistério para mim.

Tal como saberá, quem já tiver traduzido algum trabalho literário complexo, uma tradução implica por vezes um difícil, mas sempre fascinante, jogo de identificação e distanciação face ao texto, de domínio e de constante perda de mão sobre ele. Mas, de alguma forma, num sentido mais essencial, tem de haver alguma coisa que não compreendemos no texto e que nos retém ali, no esforço da sua tradução, nessa perseguição — a verdade em marcha.

Na palavra *figura*, tal como Brenez a usa, encontramos exactamente aquilo que se imagina ["one figures"] que nela exista: uma noção de desenho ou traçado, como as que existem nas artes figurativas ou plásticas, um moldar criativo mais do que uma simples reprodução mecânica; uma ideia de corpo, mas não apenas do corpo humano, pois há figuras inumanas, figuras-objectos, figuras abstractas, muitos tipos de figuras; e há também um constante exercício de descoberta, de imaginar ["figuring out"], um contínuo ensaio ou experimentação. Mas há algo mais, qualquer coisa mais enigmática, mais poderosa, algo que oferece mais possibilidades à própria Brenez enquanto escritora e analista. No seu trabalho, e de modo bem deliberado, parece-me, Brenez nunca define o conceito *figura* de forma simples, clara ou directa. Na sua imensa obra de 1998, *De la figure en général et du corps en particulier*, Brenez começa por citar um pedido recebido via *email* para "definir o termo *figura* em duas ou três palavras". Mas que repto: uma elaborada resposta inicial depressa se transforma em milhares e milhares de palavras — na verdade, todas as 466 páginas do livro elaboram hábil e artisticamente essa extensa resposta.

Vou rapidamente reafirmar três momentos que considero estimulantes na definição do âmbito figural do trabalho de Brenez. Num dos seus primeiros trabalhos publicados, uma edição de 1990 da revista colectiva *Admiranda*, dedicada ao tema *Figuração Desfiguração: Proposições*, há um Glossário final dedicado a "Temas Móveis e Palavras Intermináveis" (não nos esqueçamos que, na tradição da crítica francesa contemporânea, tais glossários ou léxicos são muitas vezes deliberada e astutamente cómicos no seu *ratio* — ou como diria Siegfried Kracauer, na sua pose de hiper-racionalidade). Nas páginas finais que concluem *Admiranda*, a palavra *figura* é então assim definida:

> A figura inventa-se a si mesma como a *força* de uma representação, aquilo que permanece sempre por constituir, aquilo que, no visível, tende para o Inesgotável. Neste sentido, a figura jamais poderá ser confinada ao Homem, pois é da ordem do Imprevisível, do Imponderável. (Brenez 1990, 76)

A segunda definição vem do mesmo Glossário. *Figuração* é definida — preparem-se para esta frase colossal, um verdadeiro *whopper proustiano* — como

> o jogo simbólico ou processo que procura estabelecer

uma correlação *fixa, evolutiva ou instável,* entre os parâmetros plásticos, sonoros e narrativos, capazes de extrair categorias fundamentais de representação (tais como: visível e invisível, mimésis, reflexão, aparição e desaparição, imagem e origem, o integral e o descontínuo, a forma, o inteligível, a parte e o todo ...) e outros parâmetros — que podem ser os mesmos dependendo do tipo particular de determinação efectuada — relacionados com categorias fundamentais da ontologia (tais como: ser e aparência, essência e aparição, ser e nada, o mesmo e o outro, o imediato, o reflexivo, interior e exterior ...).

Esta definição é assim concluída:

Todas as supracitadas categorias podem, consoante cada caso particular, ser repetidas, inventadas, deslocadas, questionadas *ou destruídas.* (Brenez 1990, 75, todas as ênfases são minhas)

O seu breve livro, de 1995, sobre *Sombras* (*Shadows,* 1959) de John Cassavetes, contém ainda uma outra sugestiva (mas não definitiva) lista de definições — despoletada pela meditação sobre esta única palavra: *sombras* —, referente aos princípios e variedades de figuras fílmicas (Brenez 1995, 65–69). Em primeiro lugar, a sombra é um desenho representacional, um traçado, mas afastado do realismo, sobretudo do realismo da personagem ou da persona. Tal regime de representação da sombra tem origens míticas gregas: a primeira silhueta de um amante traçada numa parede, envolvendo o corpo de outro amante, ou o primeiro desenho que preencheu a figura projectada de um cavalo numa superfície branca e vazia. Em segundo, a sombra é uma designação *shakespeariana* para a mais obscura e instável esfera das personagens: as pulsões, os instintos, os reflexos ou, como refere Brenez, "as virtualidades devastadas e as possibilidades fantasmáticas" no interior e ao redor de cada pessoa. Em terceiro, as sombras do filme de Cassavetes — "silhuetas, contornos, obscuridades da forma" — são *estudos*, trabalhos em processo, pessoas ou situações ou relações, em constante construção, portanto reminiscentes da definição citada anteriormente, a figura como o que permanece "eternamente por constituir". A figura da sombra é, neste sentido, de acordo com Brenez, "tanto branca como preta, igual e diferente, absolutamente presente e sempre sem forma e sem limites" (Brenez 1995, 67).

O quarto tipo de figura-sombra enumerada por Brenez é a mais curiosa: aqueles fantasmas ou aparições, "figuras tutelares", como ela lhes chama. Dois dos actores afro-americanos do filme de Cassavetes, Hugh Hurd e Rupert Crosse, nas suas interacções no ecrã, enquanto personagens com os seus próprios nomes, "reproduzem maneirismo por maneirismo", de acordo com Brenez, o dueto real formado pelos jazzistas Clifford Brown e Max Roach. Portanto, para os seus olhos e ouvidos, o filme é "preenchido por certas harmónicas fúnebres". É um *túmulo* no sentido genérico ou poético (como em Mallarmé), um trabalho de luto e um tributo, não apenas por dois indivíduos especiais, mas também por uma ideia mais geral, que Brenez liricamente formula como "uma amizade com o próprio mundo, exigindo uma criatividade soberana" (Brenez 1995, 68–69).

Ah ha! Este tema dos dois indivíduos negros como figuras tutelares, transformando outras figuras reais em gesto poético, é exactamente a pista, o gancho, o eco que precisava para voltar à arqueologia do termo *figura*. Brenez, tal como Ricoeur, refere-se a Hegel — à sua *Estética* mais do que à sua *Fenomenologia do Espírito* —, porém não se refere a Ricoeur. A fonte principal para a sua teoria da figura parece ser (quando nela se penetra) o filólogo literário alemão Erich Auerbach, autor do famoso *Mimesis*, de 1946, e do menos conhecido ensaio, porém não menos deslumbrante, "Figura" — escrito nos finais dos anos trinta e incluído, mais tarde, num pequeno volume de 1959 com o esplêndido (deveras figural) título: *Cenas do Drama da Literatura Europeia*. A noção *breneziana* de uma relação significante entre dois pontos ou conjuntos (Clifford e Max na vida, Hugh e Rupert no filme) — uma relação que não é uma mera simulação, imitação ou representação, mas algo de mais profundo e inventivo — é puro Auerbach ... como tentarei explicar, à medida que avanço.

Na verdade, Brenez (como orgulhosamente comprovou) não derivou nem se apropriou do termo *figura* directamente de Auerbach. A filiação ou transmissão de ideias aconteceu de forma muito mais inquietante — duma forma, inconsciente ou *atmosférica*, semelhante à que Brenez sugere num texto de 1997, quando diz que o pequeno artigo "L'accident", de Jean Louis Schefer (republicado em Schefer 1999).

> não poderia ter sido escrito antes de *Histoirie(s) du cinéma* [série em vídeo de Jean-Luc Godard] — independentemente do seu autor a ter visto ou não. (Brenez 1997)

Brenez afirma que se deparou com o termo *figura* algures nos anos oitenta, como uma espécie de farol para as suas pesquisas, e que só mais tarde, com prazer e espanto, é que veio a descobrir o ensaio de Auerbach com o mesmo nome — levando-a, nessa altura, a incorporar e a reinventar algumas das suas [Auerbach] específicas noções filológicas.

O que realmente quero aqui assinalar é o mistério da nomeação — o dar nome a uma ideia. Brenez nomeou a sua ideia — a sua amorfa, móbil, interminável constelação de sensações e de intuições — como quem dá um nome a uma pintura, a uma canção pop ... ou a uma criança. Um nome que condensa uma essência percepcionada, pré-existente, e que, ao mesmo tempo, abre uma porta para um futuro mais amplo, esperançoso, para um estado do Ser ainda por vir. O nome (a ideia) tem uma zona de sombra. Cria ou conjura pontos, etapas, estações, tanto no tempo como no espaço. Ao escutar, em 2008, uma esplêndida palestra de Michael Taussig sobre o desenho e o testemunho (depois incluída no seu livro, de 2011, *I Swear I Saw This: Drawings in Fieldwork Notebooks, Namely My Own*) fui relembrado da dimensão por vezes sagrada do acto de nomear em certas religiões/tradições espirituais. "Love calls you by your name", cantou Leonard Cohen. E a palestra de Taussig sobre espíritos recordou-me o verdadeiro poder de encantamento do que é literal, segundo a realizadora surrealista Nelly Kaplan, quando disse: "todas as imagens são feitiços: invoca-se um espírito e é esse o espírito que aparece" (Kaplan 1982, 56). Pensar no materialismo apaixonado de Taussig, ou de Kaplan, leva-me a considerar o que é, para alguns de nós, uma preocupação perene: o problema, ou desafio, para os não crentes, em compreender ou usar a linguagem do sagrado e do espiritual, mas sem a religião; aproximar e celebrar o mistério — especialmente o mistério poético, ou aquilo que o cineasta *avant-garde* Ken Jacobs chama de *mistério da personalidade* —, mas sem a parte mística. O pensamento figural, o trabalho figural, está, no meu entender, confundido ou cristalizado neste desafio.

Mergulhemos agora no coração do trabalho de Auerbach sobre a *figura*. O seu trabalho é um esforço histórico: por compreender e elaborar um sistema de interpretação extremamente coerente, além de cultural e artisticamente poderoso — em particular, a interpretação dos acontecimentos registados na Bíblia judaico-cristã —, e por traçar a sua evolução desde a filosofia e a teologia até à literatura e a outras formas de arte. O génio especial de Auerbach foi discernir este sistema específico, esta categoria do pensamento. Ele não procurou celebrar, defender ou revivê-lo, interessava-lhe meramente expô-lo detalhadamente, passo a passo; e fez isso magistralmente no ensaio "Figura", assim como o faria para todo o drama da "representação da realidade na literatura ocidental" em *Mimesis* — um livro que recentemente regressou a nós, ao nosso momento contemporâneo, graças (entre outros) a Edward Said.

De acordo com Auerbach, a figuração é um sistema de profecia: na mesma medida, por exemplo, que certos eventos, ou pessoas do Velho Testamento, profetizam (ou *prefiguram*) eventos a acontecer no Novo Testamento. Mas o circuito de passos, etapas ou níveis figurais não se detém por aqui. Cito uma passagem, de invejável lucidez, tirada de "Figura":

> A profecia figural implica a interpretação de um acontecimento mundano, por meio de um outro; o primeiro significa o segundo, o segundo realiza o primeiro. Ambos permanecem acontecimentos históricos; ainda assim, vistos deste ângulo, ambos supõem algo de provisório e incompleto; cada um remete mutuamente para o outro, ao mesmo tempo que apontam para algo futuro, algo ainda por vir, iminente, e que será o acontecimento derradeiro, real e definitivo. Isto é verdade não apenas em relação à prefiguração do Velho Testamento, que aponta prospectivamente para a Encarnação e proclama os Evangelhos do Novo Testamento, mas é igualmente verdade para os próprios Evangelhos, pois também neles não se dá o cumprimento último, salvo a promessa do fim dos tempos e do verdadeiro reino de Deus. (Auerbach 1959, 58)

O fim dos tempos e o verdadeiro reino de Deus: aqui alcançamos o evento definitivo do último dos dias, o dia do Juízo Final, o dia do fim do mundo ... e naturalmente vêm à cabeça uns quantos títulos de *blockbusters* apocalípticos.

Há um aspecto particular desta rica ilustração que Auerbach faz do conceito de figuração que desejo agora aqui realçar. Em *Mimesis* (tal como o fez antes e depois durante toda a sua carreira), Auerbach regressa ao caso de Dante. Em *Inferno*, a representação do Além segue uma lógica figural; ela é

> não da mesma magnitude que a esfera terrestre, evolução, potencialidade, provisoriedade, mas sim o desígnio de Deus em activa concretização. (Auerbach 1974, 189–190)

No entanto, está ainda imperfeita e incompleta, porque aguarda a realização suprema e definitiva do Juízo Final. Ora bem, então que tipo de personagens existe, fala e presta testemunho neste peculiar além-mundo? Aquelas que não mudam, que são — de uma vez e para todo o sempre — completamente elas próprias, seladas na sua identidade e destino. Estão mortas, são uma espécie de fantasmas,

> as vicissitudes dos seus destinos cessaram; o seu estado é definitivo e imutável, nele haverá apenas lugar para uma singular mudança: a recuperação definitiva dos seus corpos físicos com a chegada da Ressureição no dia do Juízo Final. (Auerbach 1974, 190)

Auerbach mostra-se fascinado pela rica realidade, física e psicológica, com que Dante investe as suas personagens. "As suas próprias vidas terrenas ... conservam-nas completamente, através das suas memórias, mesmo tendo essas vidas terminado" (Auerbach 1974, 191). E apesar de viverem (como nos recorda Auerbach) em túmulos flamejantes e de serem "almas separadas de seus corpos", com apenas "uma espécie de corpo fantasma, de modo a que possam ser vistos, possam comunicar e sofrer", no entanto, "a impressão que produzem não é a de que estão mortos — apesar de o estarem — mas sim de que estão vivos" (Auerbach 1974, 190, 191). Eu sugeriria que as personagens do Além de Dante, tal como as articula Auerbach, são criações profundamente cinemáticas — e não é de espantar que, por exemplo, Raúl Ruiz tenha abraçado a oportunidade de criar para televisão uma sequência *avant-garde* a partir dos cantos de *Inferno* (ver Martin 1993).

Irei agora traçar a linha que põe em ligação um círculo de figuras — figuras que constituem, de novo, um pequeno círculo de amigos e que mantêm igualmente uma íntima relação com uma "criatividade soberana" —, todas elas marcadas, ao que parece, pelos singulares espíritos progressistas da cultura de Weimar. Auerbach e Walter Benjamin, como sabemos — graças aos fragmentos da sua calorosa correspondência, publicada tanto em alemão como em inglês (ver Barck, 1992) —, foram amigos durante muitos anos. Benjamin admirava imenso a primeira grande obra de Auerbach, precisamente o seu primeiro trabalho sobre Dante e interpretação figural (1929).

Gostaria de citar brevemente um fragmento de Benjamin escrito num período ainda anterior, por volta de 1919-1920. Um excerto não publicado em vida, mas que está traduzido para o inglês no Volume I dos *Selected Writings*, intitulado "World and Time" ["Mundo e Tempo"]. É uma contemplação figural descarada, e inicia-se assim:

> Na revelação do divino, o mundo — o teatro da história — é sujeito a um grandioso processo de decomposição, enquanto o tempo — a vida daquele que o representa — é sujeito/a a um imenso processo de preenchimento. (Benjamin 1996, 226)

Nas duas frases seguintes, Benjamin evoca o "fim do mundo:

a destruição e a libertação de uma representação (dramática)" e a "redenção da história a partir daquele que a representa".

Este parágrafo termina com a questão se "a mais profunda antítese do 'mundo' não é o 'tempo', mas sim 'o mundo por vir'". Mais tarde, surge uma inflexão materialista: "A minha definição de política: a realização [fulfilment] de uma humanidade imperfeita". "O divino manifesta-se" no social — que é, em si mesmo, uma "manifestação de poderes espectrais e demoníacos" — "apenas enquanto força revolucionária". "Tais manifestações", conclui, "não devem ser procuradas na esfera do social, mas sim na percepção orientada para a revelação" e para a "linguagem sagrada" (Benjamin 1996, 227). Estes ígneos motivos, como sabemos, nunca abandonaram por completo o trabalho de Benjamin.

Siegfried Kracauer, o amigo seguinte deste círculo ou cadeia, estava especialmente concentrado nestes aspectos de pensamento visionário no seu ensaio de 1928, "On the Writings of Walter Benjamin", editado em *The Mass Ornament*. "Tal pensamento tem mais afinidades com a escrita talmúdica e com os tratados medievais", afirma, "pois, à semelhança destes, o seu modo de apresentação é o da interpretação. As suas intenções são de ordem teológica" (Kracauer 2005, 259). Nestes termos de Kracauer ecoam, conscientemente ou não, os termos usados na história da figura de Auerbach.

A redenção chama, e canta. Na sua reflexão sobre Benjamin, Kracauer assinala que o mundo terreno, "*obscurecido e obstruído*", deve ser "esmagado de modo a alcançarmos o essencial". Kracauer descreve este mundo das essencialidades como "ancestral", presente "desde o começo" (Kracauer 2005, 260, 261). Em Benjamin, o presente das "construções e dos fenómenos vivos" parece "baralhado como num sonho, ao passo que num estado de decadência, tornam-se mais claros" (Kracauer 2005, 262). Este tipo de análise figural, conforme é praticada por Benjamin ou Kracauer, à medida que se afasta do presente, aponta simultaneamente para um passado primordial e para um futuro utópico (a menção de utopia poderia trazer ainda Ernst Bloch para este grupo de discussão do círculo de Weimar, mas vou deixá-lo de parte pois não creio que a sua noção de 'espírito da esperança' funcione, imagética ou dramaticamente, como uma procissão de figuras *auerbachiana*: não é de todo a mesma sala de espelhos).

Pouco tempo antes, entre 1922 e 1925, Kracauer escreveu um pequeno tratado sobre *The Detective Novel* (que figura entre as referências-chave de Brenez, no seu livro sobre Abel Ferrara). Kracauer escolheu não publicar o livro em vida, excepto um excerto condensado, o ensaio intitulado "The Hotel Lobby", presente no seu *The Mass Ornament*. O texto completo aparece na colectânea dos seus escritos em alemão, ainda não traduzida para o inglês. Sei da sua existência pela tradução francesa — uma edição de capa dura, amarelo-acastanhado, maravilhosamente adornada com um fotograma de *A Mulher que Viveu Duas Vezes* (*Vertigo*, 1958), de Hitchcock.

Na útil introdução a esta edição, o co-tradutor Rainer Rochlitz especula sobre o facto de, em 1925, Kracauer ter posto o manuscrito de lado pelo facto de "a aliança entre a sociologia e a teologia existencialista já não o satisfazer" (Kracauer 2001, 24); Tal como o seu amigo Benjamin, Kracauer teria começado a aproximar-se de um sistema de conhecimento mais marxista, materialista. De qualquer forma, os aspectos teológicos de *The Detective Novel* permanecem fascinantes e rimam com o singular pensamento figural — a reaparição ou reinvenção deste — que predominou no período de Weimar.

Na primeira página do texto, após uma breve introdução prevendo a actual crítica da globalização — uma vez que, no âmbito da ficção policial internacional do princípio do século XX, todos os países são retratados de forma uniforme e similar, com apenas algumas particularidades distintivas para adicionar um pouco de cor local variável (Kracauer 2001, 33) —, numa secção que poderia ser traduzida por "Esferas", ou talvez "Reinos", Kracauer conjura a existência de duas esferas que mantêm uma relação de espelho invertido, deformado: a esfera dos humanos, na sua sociedade mundana, e o "reino superior" que, seguindo Kierkegaard, Kracauer explicitamente denomina de esfera "religiosa" (Kracauer 2001, 35-36). Numa lógica bem familiar aos estudantes de Kracauer, o mundo da sociedade contemporânea — impiedosamente racionalizado, industrializado e burocratizado — oferece um patético e degradado reflexo do mundo perfeito, da esfera divina: é o reflexo inautêntico do autêntico, um mundo sem tragédia, sem sublime ou êxtase.

O que eu quero aqui frisar é que esta dupla imagem das esferas separadas é uma configuração, um dispositivo, absolutamente figural – neste caso mais espacial do que temporal (ver Martin 2011). A esfera superior é descrita, de passagem, como o lugar da redenção messiânica: o lugar ao qual se deve "ascender", onde os "nomes entregarão os seus segredos" — que frase, que imagem, que ideia! —, onde

> o ser estará em plena relação com o mistério supremo. Mistério esse que o carregará até ao ponto máximo da sua existência. Palavra e acção, Ser e forma, alcançarão aqui os seus limites extremos; o que é experienciado tornar-se-á real; o conhecimento adquirido atingirá um valor humano absoluto. (Kracauer 2001, 35)

E o que é mais interessante é que tudo isto acontecerá "no seu devido tempo", tal como o disse Kracauer, incutindo uma vitalidade extra numa frase perfeitamente corriqueira e banal (Kracauer 2001, 50).

Mas então como é que chegaremos lá, a esse último dia? Mesmo no fim do livro (reflectindo as suas ansiedades, do início de 1925, sobre a sua orientação intelectual e filosófica), Kracauer desloca a sua argumentação numa nova direcção, mais próxima da nossa sensibilidade contemporânea, de eterno "entre-dois" [*in-between*].

A palavra *figura* aparece frequentemente neste texto inicial de Kracauer e, de forma semelhante ao que sucede no trabalho dos anos vinte de Benjamin, o Surrealismo faz aqui também uma aparição, na forma de "vaso comunicante" ou sistema de transporte entre as duas esferas, humana e divina. É então que o herói da ficção policial passa a funcionar, no seu ponto mais alto de redenção, como uma figura de tensão "que habita as esferas intermédias" (Kracauer 2001, 201), que vive entre esferas, entre os dois reinos, mesmo se o reino definitivo — o reino real — seja jamais aquele sítio em que consiga viver. Começamos a ver a lógica da imagem de capa do editor francês: Scottie (James Stewart), em *A Mulher que Viveu Duas Vezes* surge como o órfico anti-herói que caminha entre os fantasmas e as sombras, entre o domínio dos vivos e dos mortos (o romance de Boileau/Narcejac, em que o filme se baseia, tem o título de *D'entre les morts;* na verdade, esta dupla escreveu também, em 1964, um estudo de não ficção intitulado *Le roman policier*!)

Será que o pensamento figural alguma vez abandona por completo o trabalho de Kracauer? O título do seu último livro — publicado pela primeira vez em 1969, três anos após a sua morte —, *History: The Last Things Before the Last* (1995) traz-nos ecos destes primeiros escritos que mencionei. E, claro, temos ainda o célebre (ou infame), certamente enigmático, *the redemption of physical reality* (*a redenção da realidade física*), o subtítulo que percorre todo o seu livro *Theory of Film* (1960), um livro que só agora estamos a aprender a ler, ou reler.

Por esta altura já deve ser claro que Kracauer falava de algo muito para além de uma simples valorização, ou mesmo de uma estratégica desfamiliarização do mundo físico e material. O conceito de redenção ressoa fortemente nas imagens do mundo e do seu duplo, no poder ressurreccional desta transformação, numa certa realização figural da nossa existência na terra. Para redimir o mundo não basta (a)perce-bêlo — tanto na sua mundanidade como nas suas maravilhas —, se os nossos olhos fossem suficientes, ou mesmo a nossa própria experiência vital, então porque é que precisaríamos de uma câmara, fotográfica ou cinematográfica? É este o mistério poético do mundo e do seu reflexo, o mistério de toda a arte representacional ou mimética — uma ideia-talismã a que Jean-Luc Godard tem regressado com frequência desde o início da década de oitenta.

As ideias figurais, tanto quanto sei, não foram muito experimentadas pelos cineastas alemães — que, no entanto, de diversas formas e em vários graus, foram afectados pela cultura artística e intelectual do período de Weimar. Mas recebi, recentemente, um choque salutar ao rever *O Anjo Azul* (*Der Blaue Engel*, 1930), de Josef von Sternberg, protagonizado por Marlene Dietrich — um filme que eu casualmente (na verdade, estupidamente) recordo como sendo um velho clássico do cânone — sabotado, sem dúvida, pelas dificuldades tecnológicas de combinar e sincronizar, no início do sonoro, os sistemas de gravação de imagem e de som. Mas o filme, visto através do filtro de Auerbach e do seu círculo, torna-se, de novo, extraordinário. O que rejeitei uma vez por considerar rígido e estático é na realidade um deliberado esquema artístico: literalmente, uma procissão de figuras, de personagens transformadas em figuras (brinquedos, bonecos, estátuas, figurinos de todos os feitios, etc.), dispostas no enredo em repetidas configurações, em diagramas pictóricos de indução, de circularidade, em progressões móveis, paralelas, de tipo itinerário. O filme conjura, de todas as formas brilhantemente inventivas, que Sternberg sempre guardava na manga, uma ressurreição para o cinema de Weimar: aquilo a que Auerbach se referia como "a procissão dos profetas no teatro medieval e nas representações cíclicas das esculturas da mesma época" (Auerbach 1959, 52).

Uma chave para o misterioso trabalho de Sternberg encontra-se no extraordinário ensaio de Claude Ollier sobre o realizador, publicado pela primeira vez em 1973 e incluído depois no livro *Cinema: A Critical Dictionary* (Ollier, 1980). Ollier é um romancista aclamado em tempos associado, vagamente, à escola francesa do *Nouveau Roman* dos anos cinquenta e sessenta. Tal como Ollier deixa claro, na introdução do seu *Souvenirs écran* — um livro de ensaios sobre cinema, de 1981 —, o seu compromisso de uma década com a crítica de cinema foi motivado pelo seu interesse em perceber "como o visionamento de filmes poderia ser rapidamente associado ao trabalho de um escritor", através das questões colocadas, durante este período, de forma similar quer pelo cinema quer pela escrita de ficção, sobre o "tratamento dos textos e dos mitos" e ainda através da sua convergência em redor de um objecto comum (Ollier 1981, 10-11).

E que objecto comum é esse? Ollier desvenda-o no final do seu texto sobre Sternberg: o trabalho do realizador, esse "audacioso, solitário e enigmático" trabalho, como ele diz, "é parte de uma tradição secular relativa à relação da obra de arte com o mundo" (Ollier 1980, 959). Ollier não usa a terminologia da figura ou da figuração (ainda que Brenez, no seu texto de 1997, "The Ultimate Journey: Remarks on Contemporary Theory", o cite como inspiração central para a actual análise figural), mas a sua concepção da obra de arte e do mundo — *o mundo e o seu duplo*, como ele próprio propõe — é uma outra imagem ou concepção espacial totalmente figural, repleta de infernais e vampirescas transacções entre e através das esferas.

Sternberg abstrai o mundo, minuciosa e rigorosamente, convertendo-o num "universo em avançado estado de rarefacção e confinamento espacial", e reclama o direito a que o seu mundo duplicado seja "governado por leis outras que não as da imitação e da representação, e tão pouco leis da causalidade quotidiana" (Ollier 1980, 952, 950). Uma vez dentro deste universo, que tipo de história elege Sternberg, que lugares recria, com que personagens a povoa? Ollier é preciso neste ponto: tudo é, deliberada e obstinadamente, cliché e estereótipo. No laboratório cinematográfico de Sternberg, "a investigação é empreendida em torno da noção de estereótipo", no contexto dessas "obsoletas e catalogadas formas de literatura, teatro e iconografia, hoje designadas para o 'consumo de massas'" (Ollier 1980, 953):

Aqui tudo é rigorosamente estereotipado, de modo a ser

> o mais aproximado possível dos elementos mais vulgarmente admitidos sobre a matéria. Os signos facultados correspondem exactamente ao que se espera deles a cada momento. (Ollier 1980, 954)

Isto poderia, é claro, ser verdade para muitos filmes — bons ou maus, inspirados ou não. Mas Sternberg vai mais longe. De acordo com Ollier, para Sternberg, este material de 'ornamentação de massa" "oferece uma condensação de características dramáticas e emocionais inventariadas há já muito tempo, algo parecido com uma série de eventos já catalogados" (Ollier 1980, 954). De forma semelhante, as personagens — especialmente Dietrich, como *femme fatale* — funcionam "como um modelo do efémero, do fugaz, do universalmente ilusório" (Ollier 1980, 955). Estão presas nos seus tempos e identidades, imutáveis (ou então estão sujeitas a mudanças violentas, segundo uma lógica pouco naturalista), movem-se como fantasmas: como os obscuros e obstruídos detritos do mundo moderno, segundo Benjamin; como as flamejantes e espectrais criaturas de Dante, prestando testemunho segundo a interpretação de Auerbach.

28 anos depois de *O Anjo Azul* (*Der Blaue Engel*, 1930), Douglas Sirk realiza, em perfeita liberdade, *O Meu Maior Pecado* (*The Tarnished Angels*, 1957), em pleno sistema de Hollywood. Um projecto que teria nascido, na cabeça de Sirk, no meio dos anos trinta — altura em que Sirk leu o romance de William Faulkner, *Pylon*, acabado de publicar. Num artigo de 1972, apropriadamente intitulado "Sirk's Apocalypse", Jean-Loup Bourget, crítico da *Positif*, solicitamente inventariou todos os motivos circulares do filme — o seu negro e invertido imaginário carnavalesco, a sua atmosfera de Dança da Morte. Mas devemos prestar atenção imperativamente ainda a um outro génio alemão — Rainer

Werner Fassbinder — de maneira a apreendermos a medida completa do alcance figural desta obra-prima de Sirk. Fassbinder di-lo claramente, e com humor:

> Nada além de derrotas. Este filme não é nada senão uma colecção de derrotas ... A câmara está constantemente em movimento, actuando como as pessoas sobre as quais o filme se debruça, como se estivesse realmente a acontecer alguma coisa. Na realidade, no final, todas elas poderiam deitar-se e deixar-se enterrar. (Fassbinder 1992, 85)

Pensemos, de novo, em Auerbach sobre Dante — e projectemos isso na mais visível (e menos vista) das convenções usadas por Sirk: a sequência do genérico inicial.

No início de *O Meu Maior Pecado*, Sirk alinha as suas personagens de acordo com a sua hierarquia — especialmente segundo os estereótipos que representam, infernalmente repetitivos —, nos lugares semânticos e temáticos que estas irão diligentemente ocupar ao longo do filme. Em dois planos furiosamente económicos vemos, em primeiro lugar, Burke (Rock Hudson) tentando entrar, solícita e desesperadamente, num mundo ao qual é estranho; de seguida, entrelaçado, Roger (Robert Stack) — personagem ao redor da qual gira toda a intriga — ocupa o assento do piloto. Depois aparece LaVerne (Dorothy Malone), sob a forma de espectáculo forçado: a sua roupa e os seus cabelos agitados pelo vento. Finalmente Jiggs (Jack Carson), o patético pendura, o tipo emasculado e manipulado neste triângulo, emergindo na zona inferior do enquadramento, mal conseguindo manter a sua posição, sacudido pelo vento ainda mais que LaVerne (até mesmo quando, mais tarde no filme, ela salta de paraquedas). Finalmente, num plano adicional após o título, o patrão — o tipo associado às vulgares realidades do dinheiro, tempo, espaço, notícias.

Por um lado, trata-se de uma exposição narrativa simples

e profissional (isto seria o que David Bordwell diria); mas, por outro, é muito mais do que isso. O que é que há de melhor que uma sequência de créditos — com todas as suas restrições e obrigações contratuais — para estabelecer e apresentar um mundo fatal, pleno de hierarquias e jogos eróticos de poder? De facto, todas as personagens, em termos dramáticos, continuarão a girar sobre estas posições estabelecidas (como uma procissão figural ritual, medieval) logo desde o início.

Prossigo esta minha pequena narrativa de Weimar com um comentário sobre o estatuto histórico do pensamento figural (através da arte, da crítica e da cultura em geral). Acredito que há três maneiras de situar o figural — seja como uma forma particular de criação ou como uma ferramenta crítica de interpretação artística.

Primeiro, podemos situá-la, como fez Auerbach na grande marcha traçada pelo livro *Mimesis*, como algo que floresceu e morreu num tempo específico e num dado lugar histórico: precisamente como uma "cena do drama da literatura" (europeia ou de qualquer outro sítio).

Segundo, podemos ver a arte figural ou o pensamento figural, como algo que, para além do seu momento histórico, permanece sempre latente, possível, virtual — algo que emerge sob novas formas, às vezes surpreendentemente. Creio que foi isso que ocorreu durante o período de Weimar, em parte em consequência das faíscas lançadas pela análise de Auerbach sobre Dante e outros. Algo que possivelmente acontece com alguma frequência (desde que estejamos ligados à vibração certa): as passagens de Auerbach, por exemplo, lidas hoje soam como fortes prefigurações do trabalho cinematográfico de Philippe Garrel (ver Martin, 2009). Jonathan Rosenbaum (1997) propôs uma persuasiva análise de *O Desprezo* (*Le Mépris*, 1963), de Godard, como a encenação de um tenso e amargo combate entre dois modos — descritos e situados por Auerbach — de contar uma história, de narração e de evocação do mundo: o estilo de Homero e o estilo do Antigo Testamento, que Rosenbaum renomeia, via Godard, de antiguidade e modernidade. "Se *Le Mépris* tem um único tema, global", sugere Rosenbaum, "o da dolorosa distância entre os dois estilos que Auerbach delineou e os dois modos de perceber o mundo que estes implicam" (Rosenbaum 2004, 186). E Sirk e Sternberg, como vimos, retomaram os seus pesados estilos figurais na década de 1950, com *O Meu Maior Pecado* para Sirk, e *A Saga de Anatahan* (*The Saga of Anatahan*, 1953) para Sternberg — um filme que para Ollier é o feito maior e mais radical deste realizador (um filme que, aliás, não está legalmente disponível para visualização em DVD).

Depois temos ainda uma terceira possibilidade, vigorosamente perseguida por Bill Routt no seu extenso texto de 2000 — sobre Brenez e a ideia de figuração — intitulado: "For Criticism", um trabalho ao qual eu devo muito. Para Routt, a interpretação figural (que tende sempre, na sua perspectiva, para um verdadeiro delírio alegórico) é absolutamente fundamental, essencial e inerente ao próprio acto da crítica. A crítica é o que preenche a obra de arte, elevando-a, redimindo-a — e também completando-a, finalizando-a, fechando-o na conclusão do circuito figural que Auerbach primeiro traçou. Porém, é este encerramento realmente definitivo? Aqui ocorre-me a apresentação de Andrew Benjamin numa conferência sobre Spinoza, que teve lugar em Melbourne em 2006. Nela, Benjamin entrou empaticamente naquilo que descreveu (seguindo Walter Benjamin) como a *nomeabilidade* da obra artística — a sua potencialidade ou qualidade para ser nomeada, para convocar o seu próprio nome - e ao mesmo tempo a invocação que dirige ao crítico e ao espectador, para que assumam essa (de forma alguma fácil) tarefa. Claro que nenhum dos Benjamins (Andrew ou Walter) pressupõe que haja um único e simples nome que se possa fixar definitivamente como rótulo em cada obra de arte; a tarefa assumida é muito mais árdua, muito mais labiríntica que isso. Potencialmente infinita, aberta. Sem dúvida que abre portas a uma discussão mais detalhada sobre crítica (a ter numa outra ocasião). Por agora, apenas relembremos: *Love calls you by your name* ...

Para encerrar esta cena no drama da figuração reconto uma pequena parábola de Giorgio Agamben composta para o seu livro *Profanações*. Agamben, como é sabido, há muito que se interessa (através de sua perspectiva marxista-materialista) pelos aspectos messiânicos do trabalho e do legado de Walter Benjamin — em particular pelo conceito-chave de *redenção* (ver Agamben 2013). Tomando de empréstimo uma frase de Auerbach, a missão eleita por Agamben é encarar — e de alguma forma negociar — a revelação ou a iluminação de uma "realidade velada, eterna" (Auerbach 1959, 60) manifesta no pensamento e nos escritos de Benjamin, sem ser, todavia, inteiramente absorvido pelo seu significado religioso particular — alcançar a iluminação, compreendê-la, capitalizá-la, sem aderir ao sistema de crença específico.

Agamben aborda tudo isto indirectamente, até mesmo casualmente, no seu pequeno texto de *Profanações*: "O dia do Juízo Final". Esta meditação persegue a sua noção de que "existe uma relação secreta entre o gesto e a fotografia" (Agamben 2006, 33). A fotografia fixa, neste contexto concreto. Além disso, Agamben cultiva o pensamento obstinado de que: "a fotografia, de certa forma, capta o Juízo Final; representa o mundo tal como surge no último dia, no Dia da Cólera" (outro filme clássico, a propósito [*Dies Irae* (1943), de Carl Theodor Dreyer]) (Agamben 2006, 31). A fotografia é o olho da eternidade, o juízo do fim dos tempos. Mas o que vê esse olho, o que é que ele descobre quando a sua lente congela o real?

Agamben oferece um exemplo admiravelmente artificial e perfeitamente alegórico, aquele com que adorna a capa do seu livro: uma imagem tirada em Paris, hoje considerada como "a primeira fotografia em que aparece uma figura humana" (Agamben 2006, 31) — "Boulevard du Temple", de Louis Daguerre (1838). Apenas uma figura numa rua que, logicamente, deveria parecer agitada e repleta de gente. No entanto, dado o longo tempo de exposição que os primitivos aparelhos necessitavam para que a luz imprimisse algo na película, a rua surge estranhamente vazia — exceptuando essa única estrela escura, essa massa disforme de um ser humano, situada no canto inferior esquerdo da imagem. Precisamente por estar inadvertidamente quieto, ou estático, o gesto deste homem acaba por ficar imortalizado na histórica fotografia. Mas que gesto é este que vem representar, emblematizar e, na verdade, substituir este indivíduo anónimo de Paris? Não os gestos extáticos, de dor ou alegria, vida ou morte, perseguidos por Aby Warburg (outra obsessão de Agamben). De facto, um gesto absolutamente banal: o homem, aparentemente, aguardava enquanto lhe engraxavam os sapatos.

Agamben aprecia esta nada glamorosa apoteose de um aleatório cidadão da modernidade; mas responde também, apaixonadamente, ao seu apelo para ser recordado, para ser relembrado através da fotografia. "De tudo isto a fotografia exige que nos recordemos", diz Agamben, "de todos esses nomes perdidos as fotografias prestam testemunho, tal como o Livro da Vida" — uma imagem bem figural, o Livro da Vida — "que o novo anjo do apocalipse (o anjo da fotografia) segura entre mãos no final dos dias" (Agamben 2006, 37, 38).

Isto soa como uma redenção, uma consumação figural bem familiar, bem clássica. Mas há aqui, nesta última frase, nas suas últimas palavras, uma bela e subtil inversão de última hora. Pois após escrever "no final dos dias", imediatamente acrescenta (redimindo a ideia num sentido totalmente diferente): "no final dos dias, ou seja, todos os dias" (Agamben 2006, 38). Todos os dias — a mesma ordinária, banal, todavia mágica e apaixonada, esfera do dia-a-dia que, como Siegfried Kracauer discerniu nos escritos de Walter Benjamin, "aguarda agora um destinatário" (Agamben 2006, 38).

Post Scríptum, Janeiro de 2012
Dar a Brenez a última palavra

Esta palestra foi apresentada, pela primeira vez, em Julho de 2008, num colóquio sobre Siegfried Kracauer — tendo sido, mais ou menos, "escrita em poucos minutos, depois de vários anos", tal como testemunhou o poeta brasileiro Paulo Antônio de Paranaguá no final do seu "Manifesto por um cinema violento", de 1966. As actas desse animado colóquio na Monash University (Austrália) nunca foram, aliás, publicadas. Quando Nicole Brenez (alguns anos depois) leu o texto, discordou com um aspecto central da minha apresentação. A sua resposta, comunicada por correio electrónico, foi a seguinte:

> Tens muita razão e é tudo extremamente revelador, meu caro Adrian, excepto que eu não sinto, de todo, que *figura* seja algo misterioso e obscuro. Pelo contrário, cada vez procuro ser mais clara: a análise é sobre o processo elaborado pelo filme no sentido de construir o seu próprio tipo de *figura*. Polissemia e diversidade não significam falta de claridade. Deixa-me explicar porquê e como.
>
> Quando comecei a conceber a minha tese de doutoramento (de 1985, *soutenu* em 1989), ainda não tinha lido "Figura", de Auerbach. Mas a estrutura da palavra *figura* era muito clara para mim — e ensino-a nas minhas aulas muitas vezes como introdução, de maneira a dar ferramentas aos estudantes: trata-se da explicação do termo latino 'Figura' presente no dicionário *Le Gaffiot* (esse maravilhoso e velho dicionário que temos para as nossas versões latinas). Aprendi Latim desde o segundo ano do Lycée Expérimental de Sèvres, desta forma o *Gaffiot* foi sempre de uso e leitura semanal, estava sempre

na minha secretária assim como o *Bailly*, o dicionário francês-grego antigo — e assim continuam, mesmo atrás de mim, *à portée de main*, como dois pilares, ainda que agora raramente os abra.

Graças ao *Gaffiot* (que cito extensivamente na introdução da minha tese de doutoramento), quando li "Figura" de Auerbach, na sua versão em inglês (que me foi dado por Jean Clay, editor da éditions Macula — que também o deu, anteriormente, a Yve-Alain Bois e a Georges Didi-Huberman, tendo tido em ambos igualmente uma grande influência), este não foi uma revelação, mas antes uma excelente confirmação, extensão e contextualização histórica. Pode até ser que Auerbach tenha igualmente encontrado inspiração num dicionário equivalente em alemão.

E, é claro, em Latim há um campo inteiro que deriva das palavras seminais *fingo*, *figuro* (verbo) e *figura* (substantivo): *figuralis*, *figuraliter*, *figuratio*, *figurative* ... Toda a terminologia dos estudos cinematográficos figurativos vem daí, dessas páginas do *Gaffiot*. É esta a sua estrutura. E depois há que construir o edifício da metodologia e da teoria, e então o edifício é aberto — quer dizer: são os próprios filmes, nas suas singularidades, que estão a enriquecer o método — assim quanto mais singulares e únicos forem, mais terão a oferecer ao conhecimento da figuralidade.

Portanto, nunca se deve reduzir a riqueza de um filme a uma palavra, mas sim enriquecer a noção com todas as invenções concretas devidamente analisadas.

Avatares do Encontro

Adrian Martin

> É um prenúncio. Um mau prenúncio.
> *Le tempestaire* (Jean Epstein, 1947)

Espinosa escreve o seguinte na secção da sua *Ética* dedicada aos afectos:

> As coisas que por acidente são causas de esperança ou de medo são chamadas de *bons ou maus prenúncios*. Além disso, da mesma forma que estes prenúncios são causas de esperança ou de medo são-no, na mesma medida, causas de alegria ou de tristeza; consequentemente, amamo-los ou odiamo-los, e esforçamo-nos por usá-los como meios de alcançar aquilo que mais esperamos, ou por repeli-los como obstáculos ou causas de medo". (Spinoza 1996, 95)

Esta sua evocação dos *prenúncios* como detonadores de acções encontra um eco curioso no cinema contemporâneo. Num certo número de filmes recentes, incluindo *Maria Antonieta* (*Marie Antoinette*, 2006), de Sofia Coppola, *Sexta-Feira à Noite* (*Vendredi Soir*, 2002), de Claire Denis, e *O Novo Mundo* (*The New World*, 2005), de Terrence Malick, temos a experiência de cenas singulares ou pontos de viragem na narrativa, por vezes até mesmo passagens inteiras, em que os presságios — chamemos-lhes também prenúncios, pressentimentos, disposições, estados de alma, atmosferas — importam muito mais do que a tradicional lógica narrativa de causa e efeito, ainda que estes estejam relacionados com as próprias personagens fictícias ou com os ambientes que os rodeiam.

Em *Maria Antonieta*, por exemplo, há um idílico interlúdio — que sucede longe da dissolução da corte — no qual, de repente, o sol brilha, Kirsten Dunst, como Maria, corre através das ervas altas e os cães brincam. Não há nada de especial que justifique esta cena, nada que nos conduza até ela, para além da alteração do cenário e da mudança do tema na banda sonora. A cena não tem sequer uma verdadeira repercussão na trama; é uma ilha suspensa de atmosfera, um *good vibe*.

Yes (2004), de Sally Potter, oferece a ambiciosa variação *New Age* disso mesmo: num mundo pleno de miséria, de contradições e negações a todos os níveis de cultura, nação, sexo, raça e classe social, Potter literalmente move céus e terra para chegar a um desenlace positivo. O que, de forma improvável e pouco convincente para alguns espectadores, nos conduz até ao final do filme acaba por ser um crescendo de ondas do mar, uma graciosa dança de movimento, uma súbita delicadeza de luz e de ar, a leveza do Ser. Descrevo isto como sendo algo um tanto *New Age* porque reflecte justamente uma certa *política do estado de espírito* (*politics of mood*) contemporânea: se conseguires sentir-te bem dentro de ti mesmo, se conseguires alinhar as tuas energias e os teus estados interiores, então o mundo externo talvez te acompanhe rumo à paz e à harmonia.

Mas deixemos em suspenso qualquer juízo antecipado sobre esta *política do estado de espírito*, de forma a procurar entender em profundidade o funcionamento deste intrigante fenómeno cultural. Mencionei acima que a resolução de *Yes* é, para alguns, improvável e pouco convincente — os comentadores de cinema adoram discorrer sobre se um filme realmente *mereceu* o seu feliz ou trágico final —, mas tudo isto pode não ser mais do que uma mera limitação, uma falha no modo padronizado como apreendermos o funcionamento de uma narrativa cinematográfica. Creio que sempre existiram duas tradições de lógica narrativa em cinema, uma massivamente mais dominante que a outra.

A primeira destas tradições — a que conhecemos melhor e que usamos de modo natural e espontâneo na maioria dos nossos juízos sobre os filmes — exige que numa história haja uma certa qualidade ou processo de prova, de demonstração e persuasão. O filme deve convencer-nos, através da sua progressão dramática ou cómica, que chegou a uma conclusão sensível e verosímil — não apenas nos termos do realismo dos acontecimentos, mas ainda mais profundamente, no que diz respeito à sua lógica temática, à sua luta de posicionamentos morais e valores éticos (*Match Point* [2005], de Woody Allen, poderia servir como exemplo prático deste tipo de lógica narrativa).

Mas há outra lógica na história universal do cinema, menos reconhecida e mais subterrânea, que por comparação tem pouco que ver com provas, demonstrações ou persuasões. Segundo esta lógica, as coisas acontecem e movem-se devido, fundamentalmente, a mudanças ou alterações de estados anímicos. Estes estados são criados pelo próprio filme — com todo o arsenal estilístico de imagens e sons à sua disposição —, e são projectados no espaço ou universo ficcional. A psicologia das personagens já não é aqui o que mais motiva ou move o mundo — a vontade individual deixou de ser a força motriz da acção narrativa. Pelo contrário, é esse mesmo mundo que, de forma intensa, imprevisível e em constante mudança, actua sobre as personagens e altera os seus estados de alma, por vezes os seus próprios destinos. Por sua vez, as personagens, totalmente imersas nesta lógica contagiosa, aprendem a não confiar em nada excepto nos seus próprios pressentimentos e sensações: nos seus caprichos, nos seus palpites, nas suas inexplicáveis mudanças de humor. Estão constantemente à espreita de bons ou maus presságios.

Assim, as relações entre as personagens, os seus laços e interacções intersubjectivas, convertem-se num puro fluxo de interacções anímicas, instantâneas e efémeras, extáticas ou tóxicas, feitas de paixões fulminantes ou fixações homicidas. E o papel do meio-ambiente e da natureza torna-se crucial na definição de todos estes estados de alma: a luz através das árvores, os sons da manhã, as ondas de calor, o fim do dia, *the bad moon on the rise* ... os filmes cheios de natureza que Jean-Luc Godard realizou a partir dos anos oitenta, como *Nouvelle Vague* (1990), são a vanguarda contemporânea deste intrincado e antipsicológico cinema de estados de alma: num comentário sobre este filme, o realizador alemão Harun Farocki escreve que os protagonistas, o homem e a mulher, só encontram o seu caminho juntos uma vez tendo "participado na falta de regras do Verão" (Silverman e Farocki 1998, 208).

Este cinema de estados de alma, que hoje se faz sentir cada vez mais, também tem uma história. Um dos seus períodos diz respeito a um estranho desvio na produção de Hollywood no início dos anos cinquenta. Um número significativo de filmes, incluindo *Pandora* (*Pandora and the Flying Dutchman*, 1951), de Albert Lewin e *A Condessa Descalça* (*The Barefoot Contessa*, 1945), de Joseph Mankiewicz —

ambos protagonizandos por Ava Gardner, assim o é — construiu-se totalmente a partir de encontros extraordinários e variações de humor; não é de espantar que estes filmes em particular fossem adorados pelos surrealistas dos anos cinquenta como, anti-literários, próximos do sonho ou mesmo do delírio, na sua progressão. Mas também podemos encontrar vestígios desta lógica premonitória, em maior ou menor extensão, em filmes decorridos no confuso período final do *film noir*: os telegramáticos e elípticos psicodramas como *A Mulher Desejada (The Woman on the Beach*, 1947), de Jean Renoir; as improvisações de baixíssimo orçamento como *A Curva do Destino* (*Detour*, 1945), de Edgar Ulmer; os discretos *thrillers* de Otto Preminger, como *Anjo ou Demónio* (*Fallen Angel*, 1945), ou *A Ladra* (*Whirlpool*, 1949), *Passos na Noite* (*Where the Sidewalk Ends*, 1950) e em particular *Vidas Inquietas* (*Angel Face*, 1952), com os seus temas obsessivos sobre fascinação, hipnose e presságios de todos os géneros e feitios.

Há pelo menos uma relação de filiação directa entre este cinema contemporâneo, de estados de alma e atmosferas, e o dos anos cinquenta: *Nouvelle Vague,* de Godard, é explicitamente um *remake* radical de *A Condessa Descalça*, redefinido com vista a focar-se unicamente na nervosa e erótica relação entre a Condessa Torlato-Favrini e o seu exército de criados. Não é muito difícil ver porque é que o filme de Mankiewicz (também protagonizado por Humphrey Bogart) conseguiu manter uma influência hipnótica sobre Godard durante mais de cinquenta anos: trata-se de um notável trabalho de contenção e refreamento de atmosferas, onde se ostenta uma trama em que todo e qualquer momento decisivo nasce de um impulso, de um sentimento absoluto de atracção ou repulsa ("Odeio estar perto de gente doente", anuncia Ava Gardner a dado momento), em que as personagens seguem, incondicionalmente, a pista de um pressentimento ou de um "sexto sentido" — entoando sempre "o que será, será" —, e em que a grande e mítica engrenagem do estrelato hollywoodesco (a Condessa é também uma famosa estrela de cinema) é explicada, seriamente, como uma questão de pura aura, de um público que ama e que abraça instantaneamente aquilo que sabe ser realmente especial, apesar da inerente vulgaridade e estupidez do *studio system* e dos seus produtores corruptos.

Há uma passagem em particular, uma atmosfera concreta, em *A Condessa Descalça*, que só pode ser totalmente apreciada se estivermos completamente imersos no filme, em plena escuridão, visualizando-o num ecrã gigante. Acontece aproximadamente aos oitenta minutos do filme — no começo do Capítulo 12, belissimamente intitulado "Eles encontram-se de novo", no DVD da MGM — e diz respeito ao encontro da Condessa com o seu futuro Conde (interpretado por Rossano Brazzi). Mankiewicz estende esta requintada passagem por mais de dez minutos, em três elaboradas cenas que nos conduzem do dia para a noite.

Na primeira cena, Ava sai, em segredo, para se juntar a um grupo de ciganos que dança no meio do campo. No meio do seu transe coreográfico repara que o Conde (que, por acidente, interrompeu sua viagem próximo daquele lugar) observa-a nesse momento tão privado; nenhuma palavra é trocada entre eles e ele não faz ideia de quem ela é no mundo do espectáculo. Na segunda cena, num casino da Riviera, Ava, agora interpretando o seu papel público e social, na companhia de um enfadonho bilionário, fica surpreendida ao ver de novo o Conde surgir na sua frente, como que por magia. Então, a protagonista rompe com o bilionário, no meio de um ataque de petulância deste, simplesmente aceitando a mão do atraente estranho que aparece por detrás do bilionário e lhe toca no ombro, pregando-lhe depois uma bofetada. (Na verdade, se começarmos a contagem desta sequência um pouco mais cedo, a partir do primeiro enigmático vislumbre desta bofetada no rosto, visto de um ângulo diferente, dentro de um outro *flashback*, então o encontro inteiro estende-se por catorze minutos completos).

Eles abandonam a festa juntos — e, de facto, nesse preciso momento, Ava deixa para trás a vida que levava, mesmo que não faça a mínima ideia quem seja este cavalheiro entre os cavalheiros. Este tipo de acção repentina, que altera totalmente uma vida, sucede em várias ocasiões durante o filme. A terceira cena ocorre fora da festa, no carro do Conde, onde ambos discutem o estranho destino que os uniu instantaneamente, sem perguntas, nada para além de pressentimentos e de gestos impulsivos. "O que é que veio aqui fazer, além de ter vindo por mim?", pergunta ela. "Não houve outra razão", responde ele. "Quando é que soube que veio por mim?", pergunta ela. "Você também o soube", responde ele, "Você soube assim que eu o soube".

Este evento em *A Condessa Descalça* constitui mais do que um mero estado de espirito, atmosfera ou simples intersecção de trajectórias. No seu sentido mais significativo, é um verdadeiro *encontro* — um cruzamento acidental que altera duas vidas para sempre, que as une num destino compartilhado, numa disposição para o amor [*a mood for love*]. O cinema dos estados de alma está intrinsecamente ligado à mitologia do encontro. Esta mitologia percorre todo o espectro de clichés da cultura pop – do 'amor à primeira vista' aos 'olhos que se cruzam através de uma sala' ou a essas almas gémeas que foram "feitas uma para a outra", até ao livro surrealista de André Breton, *Nadja* (1928), ou mesmo à canção de Nick Cave "Are You the One That I've Been Waiting For?".

Um dos textos modernos que melhor define esta filosofia surrealista do encontro é *A Dupla Chama* (*La Llama Doble*, 1993), uma meditação sobre o amor e o erotismo, escrita pelo grande poeta mexicano Octavio Paz aos oitenta anos de idade. Paz assevera que,

No amor, predestinação e eleição, os poderes objectivos e subjectivos, o destino e a liberdade, cruzam-se. O território do amor é um espaço magnetizado pelo encontro. (Paz 1996, 27)

Paz poderia estar a descrever esta passagem de *A Condessa Descalça* que acabei de evocar. De fato, estados de alma e encontro combinam muito bem no cinema. Isto porque a quintessência do encontro, nas suas coordenadas líricas e poéticas, é profundamente cinemática. Enquanto Paz fala de um espaço magnetizado pelo encontro, o jovem Walter Benjamin, no seu ensaio *Metafísica da Juventude* (1914), descreve um encontro com uma estranha no meio de um baile encantado, e interroga:

Quando é que a noite atingiu tal luminosidade e se tornou tão radiante, senão aqui? Quando é que o tempo foi alguma vez superado? Quem sabe quem iremos encontrar a esta hora?" (Benjamin 1996, 16)

Espaço magnetizado e tempo superado: a receita perfeita para o cinema.

Outro episódio nesta história do cinema de estados de alma e de encontros: *Corações* (*Coeurs*, 2006), de Alain Resnais — um filme com múltiplas personagens e uma trama de trajectórias interligadas, inteiramente filmado numa paisagem urbana coberta de neve, construída e estilizada em estúdio. Resnais descreve o tema do filme da seguinte forma: "Os nossos destinos, as nossas vidas, vão sendo sempre guiados; o nosso destino pode inclusive depender de uma pessoa que nunca chegamos a conhecer" (Marco 2006). Quarenta e três anos antes desta declaração, o crítico surrealista Robert Benayoun reflectiu sobre as obras-primas de Resnais do final dos anos cinquenta, princípio dos anos sessenta — *Hiroshima Meu Amor* (*Hiroshima mon Amour*, 1959), *O Ano Passado em Marienbad* (*L'année dernière à Marienbad*, 1961) e *Muriel*

(1963) —, concluindo que Resnais se tornou no poeta triste de um sonho perdido, explorando aquilo que [Benayoun] chamou de "avatares do encontro":

> Tendemos sempre a esse milagre perdido, essa Sierra Madre que é a identificação mágica, a fusão de dois seres num domínio, repentino e compartilhado, do tempo. [...] [o encontro em] *Muriel* é furtivo, inconcluso, desfasado. A iluminação crucial permanece ausente. [...] Já não nos encontramos no tempo em que os surrealistas exorcizavam a noite, convocavam o ser amado e o destino. *Muriel* é de alguma forma o negativo do encontro [...], mais parecido com o naufrágio da concomitância, a perda dos pólos magnéticos da paixão. (Benayoun 2002, 131–136)

Ter-nos-emos afastado demasiado de Espinosa, neste percurso feito pelos estados de alma e pelos encontros? Não, se voltarmos a Espinosa via Gilles Deleuze. No seu seminário de 1978, sobre Espinosa, Deleuze discorre a partir de uma palavra que, como o próprio salienta, aparece escrita apenas uma única vez na *Ética*, de Espinosa: *occursus*, ou encontro (Deleuze, 1978). O que Deleuze valoriza em Espinosa é o vasto terreno de afectos que este traça, as relações vistas como colisões intensivas, as relações anímicas — no sentido em que aqui tenho utilizado a palavra —, relações que não se centram nem na psicologia nem na vontade individual. Philippe Grandrieux declarou que:

> O meu sonho é criar um filme completamente 'espinosista', construído sobre categorias éticas: ódio, alegria, orgulho ... e essencialmente cada uma destas categorias seria um bloco puro de sensações que passariam de uma a outra com enorme rapidez. O filme seria assim uma vibração constante de emoções e afectos, e tudo isso nos reuniria, nos reinscreveria no material em que original-

mente nos formamos. (Brenez 2003)

Quando Deleuze retoma o exemplo ilustrativo de Espinosa, sobre os afectos em acção — dois conhecidos que, na rua, tropeçam um no outro —, expande-o para o converter num encontro total. Escutemos a linguagem de sensações e de imagens que Deleuze emprega:

> Passeio numa rua onde há pessoas conhecidas, e digo "Bom-dia, Pedro", depois viro-me e digo "Bom-dia, Paulo". Ou então são as coisas que mudam: olho para o sol e o sol, pouco a pouco, desaparece e encontro-me em plena noite; trata-se então de uma série de sucessões, de coexistências de ideias, sucessões de ideias. (Deleuze 1978)

Terrence Malick apreciaria esta cenografia: o desaparecimento do sol ou a obscuridade da noite — Pedro ou Paulo — como uma sucessão de ideias. Deleuze retorna, num outro momento, à história destes dois homens que se cruzam:

> Passeio na rua, vejo Pedro que não me agrada, e isso em função da constituição do seu corpo e da sua alma e da constituição do meu corpo e da minha alma. (Deleuze 1978)

A lição desta história, segundo Deleuze, é a seguinte: "na medida em que tenho ideias-afecções, vivo ao acaso dos encontros" (Deleuze 1978).

O sentido de encontro para Deleuze, o valor que ele lhe confere, tem algo de comum com Breton e com os surrealistas. Não estou aqui a falar de encontros mundanos, banais, do tipo de encontro que Espinosa descreveria como meramente contingente. Ao fim ao cabo, temos dúzias desse tipo de encontros todos os dias, e eles não mudam as nossas vidas ou os nossos destinos — pelo menos nunca dessa forma conduzida, abençoada ou maldita, que é descrita por Resnais. Espinosa escreve:

> O afecto relativo a uma coisa *possível* é mais violento do que o afecto relativo a uma coisa contingente. (Spinoza 1996, 122)

Tanto a possibilidade como a violência são positivas para Deleuze.

Na verdade, Deleuze dá mais importância a *occursus* do que alguma vez Espinosa lhe deu. Para Deleuze, o encontro com Pedro e Paulo é potencialmente tão dramático, tão transcendental, como o encontro do Conde e da Condessa Torlato-Favrini no filme de Mankiewicz. O encontro *deleuziano* é, em grande medida, uma espécie de *tabula rasa*. É o encontro com o absoluto Outro, a alteridade de alguém ou de algo. Antes desse encontro não existia nada, nem ninguém: tudo é criado no instante. "Os encontros intensivos", tal como Mogens Lærke sublinha, são "constitutivos da dinâmica do Ser" (Lærke 1999, 90); e para Robert Sinnerbrink toda a empresa filosófica deleuziana é colocada sob o signo de um *"violento encontro* entre forças heterogéneas" (Sinnerbrink 2006, 62). Assim, o encontro fortuito deleuziano é sinónimo de total abertura ao futuro, à transformação. Nesse sentido, pode ser cuidadosamente comparado com a ideia de *evento*, tal como Alain Badiou a teoriza, também em referência a Espinosa:

> O Amor é sempre iniciado num encontro. E eu atribuo a este encontro (algo metafísico) o estatuto de *evento*, isto é, de algo que não pertence às leis imediatas das coisas. (Healy 2006)

Falando agora de Breton e não de Deleuze, Maurice Blanchot resume este tipo de encontro como uma afirmação do poder da "interrupção, do intervalo, da detenção, ou da abertura" (Blanchot 1992, 147).

Há uma certa tendência no cinema moderno, uma tendência muitas vezes bastante empolgante, que se apoia, conscientemente ou não, na ideia de encontro segundo Deleuze (e de Breton), tal como eles a sentem. No seu livro *O Cinema e a Encenação*, Jacques Aumont fala de uma forma ou estilo contemporâneo associado aos irmãos Dardenne ou aos filmes do movimento Dogma. Nele, através do plano sequência, da câmara à mão e da *mise-en-scène* aberta, "os filmes tiveram a possibilidade de integrarem facilmente a ideia do encontro, da descoberta, do acidente ou do acaso" (Aumont 2008, 172). Aumont traça a origem desse estilo na *Nouvelle Vague*, no início dos anos sessenta, mas, na realidade, o verdadeiro pai deste estilo é o visionário cineasta etnográfico Jean Rouch — que, ao combinar documentário e ficção, tinha em mente, precisamente, este propósito surrealista: aquilo que Benayoun chamou de o momento de "iluminação capital" dentro do 'espaço magnetizado' do encontro, de Paz.

No cinema americano mais recente, um dos mais surpreendentes (e divertidos) exemplos disto é o filme de James Toback, *Nunca Fui Amada* (*When Will I Be Loved*, 2004), em que Neve Campbell, em planos-sequência fluídos, esbarra constantemente e conversa com estranhos na rua, enquanto mantém solenes discussões com o seu guru, um ex-intelectual da contracultura dos anos sessenta (interpretado pelo próprio Toback).

Mas há muitas cambiantes do encontro no cinema, tantas quanto as que existem na vida ou na filosofia. De facto, é possível elaborar uma tipologia completa de encontros cinemáticos. Até agora limitei-me a descrever o encontro clássico, ideal, sublime. Mas há também o encontro que não chega a suceder, o encontro falhado (imaginado e eternamente lamentado), o encontro indirecto (que, dado o ritmo do dia-a-dia, leva algum tempo a 'pegar'), o encontro fantasma (azar, quando nos apaixonamos por um fantasma), o encontro forçado (o tenso campo dos agressores sexuais e dos *stalkers*), e, acima de todos, o mau encontro. Os encontros sublimes podem, com frequência, transformar-se em maus encontros, como é o caso de *A Condessa Descalça*, ou de um filme contemporâneo como *Twentynine Palms* (2003), de Bruno Dumont.

O que é que converte um bom encontro num mau encontro? Um desencontro de personalidades ou energias ou estados intensos que, numa primeira instância, se mascara a si próprio, apenas para surgir depois de forma catastrófica. Blanchot reflecte profundamente sobre isto no seu texto *L'Entretien Infini* (1969): na raiz de todo o encontro sublime, sugere, está um mal-entendido, um não-alinhamento, uma não-coincidência — "os mal-entendidos são a essência, [talvez até mesmo] o princípio do encontro" (Blanchot 1992, 413). E também uma qualidade (às vezes fatal nos seus efeitos) de autoconsciência: Blanchot fala do encontro com o próprio encontro, o duplo-encontro (para uma elaboração brilhante sobre este tema ver: Arnaud 2007, 301–336). Uma forma de encontro deste tipo é o encontro desejado, aquele encontro que, desde o primeiro momento, está demasiado carregado de antecipações e projecções de fantasias: é isto que sucede na soturna canção de Nick Cave que já aqui mencionei, na qual a prometida por quem ele espera tem ainda que se materializar; e também, de forma mais trágica, em *A Mulher que Viveu Duas Vezes* (*Vertigo*, 1958), de Alfred Hitchcock.

Seguindo esta linha, a violência e o excesso das afecções que acompanham o encontro conjuram uma narrativa e uma forma cinematográfica particularmente turbulentas: o encontro perseguido, ensombrado, tantas vezes explicitamente fabricado. Octávio Paz fala do cruzamento da predestinação e da escolha no amor; mas isso é, na realidade, uma intersecção difícil de imaginar. Mesmo na mitologia popular, aquela parte da predestinação, da fatalidade associada ao encontro sublime — 'acabámos de nos conhecer, mas é como se nos conhecemos desde sempre' — confronta-nos com um complexo problema ontológico: se, mágica ou misticamente, o terreno para este encontro tiver sido de alguma forma preparado, planeado em avanço, como é que este pode então ser verdadeiramente um encontro do acaso, uma combustão espontânea, uma criação surgida do vazio de uma tabula rasa? (sobre este tema recomendo os textos reunidos no nº135 [1993], de *Autrement*, edição especial dedicada ao encontro).

O cinema dos "estados de alma" preocupou-se frequentemente com esta paradoxal constelação. Em *Vidas Inquietas*, de Otto Preminger, previamente mencionado, tudo começa com a cena, belissimamente filmada, de um encontro: o condutor de ambulância Robert Mitchum, vacilando e virando-se enquanto desce as escadarias da mansão à qual foi chamado para prestar asistência a um misterioso caso de asfixia por gás, vê Jean Simmons, sozinha numa sala, tocando piano. É um breve evento dramático (apenas dois minutos), porém de grande densidade: ele é 'chamado', como que pelo canto de uma sereia, é enfeitiçado pelo som e pela visão de Jean ao piano; ela parece chorar histericamente; Mitchum dá-lhe uma bofetada para a fazer voltar a si; ela enfurece-se e devolve-lhe a bofetada — um dos grandes vóleis de campo/contra-campo do cinema, que transmite toda a violência do corte —, depois ela acalma-se e o diálogo entre eles começa.

A narrativa do filme centra-se — assim como muitas outras — num "e se ..." condicional articulado pelas personagens: 'e se a chamada nunca tivesse sido feita?', pergunta que coloca Robert Mitchum no caminho deste encontro tortuoso e mortal. Todavia, num ponto-chave, esta especulação é respondida por uma outra observação: 'Mas havia dois homens na escadaria nessa noite'. Um foi atraído pelo encontro, o outro não. Diane, a mulher ao piano, é, claro, uma variação da heroína do *film noir*: tal como descobriremos no decurso dos acontecimentos, ela é a tentação, a aranha, a predadora, a caçadora mitológica. Além disso, tudo o que a vemos fazer durante o filme é assombrado e ensombrado por aquilo que *não* a vemos fazer: e isso coloca a questão, a todos os níveis, de até que ponto ensaiará ela as suas acções e aparições antecipadamente, incluindo mesmo o primeiro, e aparentemente acidental, encontro na escadaria. (Preminger só nos revela a sua presença na casa nesse momento mas, em retrospectiva, perguntamo-nos onde é que exactamente estaria ela, o que é que terá visto e o que é que fazia antes do seu canto de sirene a anunciar).

Este encontro é assim dobrado pela sua pré-fabricação, pela sua manipulação, como nos *thrillers* labirínticos de Fritz Lang ou de Brian De Palma. E aqui, o encontro, supostamente sublime e romântico, é já instável e perverso: ela devolve-lhe a bofetada e ele brinca, dizendo que não é assim que funciona segundo o seu manual. Os problemas, a inquietude, o desassossego, estão já gravados no DNA deste evento inaugural e primordial. (Isto também acontece no filme *A Condessa Descalça*).

No salto que nos conduz do cinema dos anos cinquenta ao cinema de hoje, testemunhamos um fascinante esvaziamento do evento do encontro: num filme como o *biopic* surrealista de Raúl Ruiz, *Klimt* (2006), o encontro do artista (John Malkovich, como Gustav Klimt) com a sua Musa (Saffron Burrows, como Lea de Castro) é algo que parece suceder inúmeras vezes, mas que ao mesmo tempo parece nunca acontecer de todo: a mulher é sempre uma aparição, uma sombra, uma silhueta; é, também, literalmente um ser múltiplo, distribuído por vários corpos, e ainda uma sinistra figura de bastidores, que vai cuidadosamente coleccionando e depositando, em várias cenas pré-ensaiadas, todas as versões disponíveis de si própria.

A primeira visão que Klimt tem desta mulher, que se tornará tão significativa no seu pensamento e na sua arte, não é sequer uma visão 'em carne e osso'; ele vê-a num ecrã de cinema, numa das primeiras projecções de George Méliès! Não se trata da típica *femme fatale* com uma agenda secreta, esta figura feminina é tudo ao mesmo tempo: um fantasma metafísico, uma fantasia personalizada e uma artimanha maquinada pelos outros. Curiosamente, Ruiz achava que Espinosa era o filósofo mais pertinente para a exploração (prática e teórica) do cinema.

Termino com uma reportagem. No final de 2006, um jornal no Reino Unido dedicou toda uma página a um artigo de opinião sobre um homicídio: uma mulher, que regressava sozinha a casa de noite, deparou-se com um estranho que a matou. O jornalista colocou a questão: teria sido o seu destino encontrar o homem que a iria matar naquela noite, no lado mais obscuro da cidade? Ou tratou-se de um desses cruzamentos aleatórios que definem a matéria e o padrão da realidade de qualquer metrópole moderna?

Impressionou-me ler este estranho artigo pois, de facto, nele o repórter acabava por evocar os dois tipos distintos de narrativas cinematográficas, ambas predominantes na cultura e no pensamento contemporâneo: a história do destino, da conexão predestinada (aqui na sua forma negativa, fatal); e a história da contingência, da imanência, do fluxo imprevisível da vida e da sociedade. De facto, no cinema, estes dois modelos de história hesitam quanto à sua própria natureza, sempre ameaçando metamorfosearem-se um no outro: os contos de destino divino — como *A Mulher que Viveu Duas*

Vezes ou *Testemunha de um Crime* (*Body Double*, 1984), de Brian De Palma — muitas vezes acabam por se revelarem truques traiçoeiros; enquanto as histórias de puro acaso — como os filmes de Kieslowski, ou *Crash* (2004), de Paul Haggis, ou *Lantana* (2001), de Ray Lawrence, e *Magnólia* (1999), de Paul Thomas Anderson — muito frequentemente tendem para uma esperançosa e impossível redenção, para uma lógica de sorte abençoada dentro da insana desordem de tudo o resto.

E estes dois tipos de história, cada um a seu modo, articulam-se segundo uma atmosfera: num caso, a aura da predestinação, do encontro destinado a abrir um novo inimaginável e utópico mundo; e, no outro caso, a teoria do caos e das colisões dramáticas que provocam inesperadas reformulações ou realinhamentos do velho e estabelecido mundo. Alain Badiou tacteia esta dualidade ao referir que o "amor começa como puro encontro, não destinado nem predestinado, excepto pelo cruzamento fortuito de duas trajectórias" (Badiou 2003, 27). O amor é — como todos os acontecimentos no sistema de Badiou — inexplicável, imprevisível; é o *trabalho do amor* [*labor of love*] ao longo do tempo — e não na "eternidade do instante" celebrada pelos surrealistas — aquilo que *transforma* o encontro em destino.

Em qualquer circunstância, independentemente de apostarmos as nossas crenças numa história ou noutra, e qualquer que seja o balanço dessa aposta: tudo isso não terá o menor impacto no modo como a política dos estados de espírito se forma, tanto na cultura de hoje como na de amanhã. Quem sabe, de facto, quem iremos encontrar a essa hora?

BIBLIOGRAFIA

BIBLIOGRAFIA

Agamben, Giorgio. *Profanações*, trad. Luísa Feijó. Lisboa: Cotovia, 2006.
Agamben, Giorgio. *A Potência do Pensamento*, trad. António Guerreiro. Lisboa: Relógio D'Água, 2013.
Arnaud, Philippe. " ... Son aile indubitable en moi". Reeditado en *La Rencontre*, ed. Jacques Aumont, 301-336. Paris: La Cinémathèque française/Presses Universitaires de Rennes, 2007.
Auerbach, Erich. *Scenes from the Drama of European Literature*. Minneapolis: University of Minnesota Press, 1959.
Auerbach, Erich. *Mimesis: The Representation of Reality in Western Literature*. Princeton: Princeton University Press, 1974.
Aumont, Jacques. *O Cinema e a Encenação*. Lisboa: Edições Texto & Grafia, 2008.
Badiou, Alain. *On Beckett*, eds. Alberto Toscano e Nina Power. Manchester: Clinamen, 2003.
Barck, Karlheinz. "Walter Benjamin and Erich Auerbach: Fragments of a Correspondence". *Diacritics* 22 (3-4), 1992, 81-83.
Benayoun, Robert. "Muriel, ou les rendez-vous manqués". In *Positif, revue de cinéma: Alain Resnais*, ed. Stéphane Goudet, 131-136. Paris: Gallimard, 2002.
Benjamin, Walter. "The Metaphysics of Youth". In *Selected Writings, Volume I: 1913-1926*, eds. Marcus Bullock e Michael W. Jennings. Cambridge: Harvard University Press, 1996.
Blanchot, Maurice. *The Infinite Conversation*, trad. Susan Hanson. Minneapolis: University of Minnesota Press, 1992.

Boileau, Pierre e Narcejac, Thomas. *D'entre les morts*. Paris: Flammarion, 1954.

Boileau, Pierre e Narcejac, Thomas. *Le Roman Policier*. Paris: Press Universitaires de France, 1964.

Bourget, Jean-Loup. "Sirk's Apocalypse". In *Douglas Sirk*, eds. Jon Halliday e Laura Mulvey, 67–76. Edinburgh: Edinburgh Film Festival, 1972.

Brenez, Nicole. "Glossaire". *Admiranda* 5, 1990, 75–77.

Brenez, Nicole. *Shadows de John Cassavetes*. Paris: Nathan, 1995.

Brenez, Nicole. "The Ultimate Journey: Remarks on Contemporary Theory". *Screening the Past* 2, 1997: http://www.latrobe.edu.au/screeningthepast/reruns/brenez.html.

Brenez, Nicole. *De la figure en général et du corps en particulier. Invention figurative au cinéma*. Bruxelles: De Boeck, 1998.

Brenez, Nicole. "Préciser Renoir". *Simulacres* 2, 2000, 16–19. Disponível na versão inglesa, trad. Adrian Martin, em: "To Nuance Renoir", *Transit*, 19 Julho 2012: http://cinentransit.com/sombre-partie-de-campagne/#uno.

Brenez, Nicole. "The Body's Night: An Interview with Philippe Grandrieux". *Rouge* 1, 2003: http://www.rouge.com.au/1/grandrieux.html.

Brenez, Nicole. *Abel Ferrara*. Champaign: University of Illinois Press, 2007.

Char, René. "The Journey is Done". *Yale French Studies* 31, 1964, 126.

Deleuze, Gilles. "Deleuze/Spinoza Cours Vincennes: 24/01/1978". *webdeleuze*: http://www.webdeleuze.com/php/texte.php?cle=194&groupe=Spinoza&langue=5.

Fassbinder, Rainer Werner. *The Anarchy of the Imagination: Interviews, Essays, Notes*, ed. Michael Töterberg e Leo A. Lensing, trad. Krishna Winston. Baltimore: Johns Hopkins University Press, 1992.

Healy, Kieran. "Zizek and Badiou, Where are You?". *Out of the Crooked Timber*, 10 Março 2006: http://crookedtimber.org/2006/03/10/zizek-and-badiou-where-are-you/.

Kaplan, Nelly. "All Creation is Androgynous". In *Free Spirits: Annals of the Insurgent Imagination*, ed. Paul Buhle, 68–72. San Francisco: City Lights Books, 1982.

Kracauer, Siegfried. *Theory of Film: The Redemption of Physical Reality*. Princeton: Princeton University Press, 1960.

Kracauer, Siegfried. *History: The Last Things Before the Last*, ed. Paul Oskar Kristeller. Princeton: Markus Wiener, 1995.

Kracauer, Siegfried. *Le roman policier*. Paris: Payot, 2001.

Kracauer, Siegfried. *The Mass Ornament: Weimar Essays*, trad. Thomas Y. Levin. Cambridge: Harvard University Press, 2005.

Lærke, Mogens. "The Voice and the Name: Spinoza in the Badioudian Critique of Deleuze". *Pli* 8: Philosophies of Nature, 1999, 86–99.

Marco, Camillo de. "Interview with Alain Resnais, Director at the Venice Film Festival with *Coeurs*". *Cineuropa*, 9 Fevereiro 2006: http://cineuropa.org/it.aspx?t=interview&documentID=66603.

Martin, Adrian. "The Impossible Scene: The Work of Raúl Ruiz". *Photofile*, 1993, 49–54.

Martin, Adrian. "The Long Path Back: Medievalism and Film". *Screening the Past* 26, 2009: http://tlweb.latrobe.edu.au/humanities/screeningthepast/26/early-europe/medievalism-and-film.html.

Martin, Adrian. "Turn the Page: From Mise en Scène to Dispositif". *Screening the Past* 31, 2011: http:// http://www.screeningthepast.com/2011/07/turn-the-page-from-mise-en-scene-to-dispositif/.

Ollier, Claude. "Joseph von Sternberg". In *Cinema: A Critical Dictionary, Volume 2*, ed. Richard Roud, 949–960. Londres: Secker & Warburg, 1980.

Ollier, Claude. *Souvenirs écran*. Paris: Cahiers du cinéma/Gallimard, 1981.

Paranagua, Paulo de. "Manifesto for a Violent Cinema". In *Surrealism and its Popular Accomplices*, ed. Franklin Rosemont, 43. San Francisco: City Lights Books, 1980.

Paz, Octavio. *The Double Flame: Love and Eroticism*. London: The Harvill Press, 1996.

Ricœur, Paul. *The Philosophy of Paul Ricœur: An Anthology of his Work*. Boston: Beacon Press, 1978.

Rosenbaum, Jonathan. *Essential Cinema: On the Necessity of Film Canons*. Baltimore: The John Hopkins University Press, 2004.

Routt, William D. "For Criticism (Parts 1 & 2)". In *Screening the Past* 9, 2000: http://tlweb.latrobe.edu.au/humanities/screeningthepast/shorts/reviews/rev0300/wr1br9a.htm (1); http://tlweb.

latrobe.edu.au/humanities/screeningthepast/shorts/reviews/rev 0300/wr2br9a.htm (2).

Schefer, Jean Louis. *Images mobiles: récits, visages, flocons*. Paris: P.O.L. Editeur, 1999.

Silverman, Kaja e Farocki, Harun. *Speaking about Godard*. New York: New York University Press, 1998.

Sinnerbrink, Robert. "Nomadology or Ideology? Zizek's Critique of Deleuze". *Parrhesia* 1, 2006, 62: http://www.parrhesiajournal.org/parrhesia01/parrhesia01_sinnerbrink.pdf.

Spinoza, Baruch. *Ethics*. London: Penguin, 1996.

Taussig, Michael. *I Swear I Saw This: Drawings in Fieldwork Notebooks, Namely My Own*. Chicago: University of Chicago Press, 2011.

Adrian Martin é Professor Associado de estudos de cinema e televisão na Universidade de Monash (Melbourne, Austrália), onde co-dirige o Departamento de Investigação de Teoria e Cultura Fílmica. Durante 2013-2014 foi convidado, como professor visitante distinguido, pela Universidade de Goethe (Frankfurt, Alemanha). Crítico de cinema, no activo desde 1979, é colunista regular de diversas publicações, tais como: *Caiman: Cuadernos de Cine* ou *de Filmkrant*. É autor de sete livros (*Phantasms*; *Once Upon a Time in America*; *Raúl Ruiz: sublimes obsesiones*; *The Mad Max Movies*; *Qué es el cine moderno?*; *Last Day Every Day: Figural Thinking from Auerbach and Kracauer to Agamben and Brenez*; *Mise en scène and Film Style: From Classical Hollywood to New Media Art*), assim como de milhares de críticas e artigos surgidos nas mais diversas publicações, tais como: *Trafic*, *Sight and Sound*, *Framework*, *Transit*, etc. É co-editor das publicações *online LOLA* (http://www.lolajournal.com/), *Screening the Past* (http://www.screeningthepast.com/) e do livro *Mutaciones del cine contemporáneo* (Errata Naturae 2010).

Origem dos Textos

"Figuras num Jardim: O Efeito Dominó", de Cristina Álvarez López, foi primeiro publicado em Inglês na revista *Screening the Past* nº 36, em Junho 2013, e em Espanhol na revista *Desistfilm* nº 5, em 2013.

"Último Dia Todos os Dias: pensamento figural, de Auerbach e Kracauer a Agamben e Brenez" foi primeiro publicado em inglês, em Outubro de 2012, pela editora Punctum Books.

"Avatares do Encontro" foi apresentado numa conferência sobre Espinosa no Victoria College of the Arts, em 2006. O texto foi publicado pela primeira vez na revista *Transit. Cine y otros desvios, em* Março de 2012. A presente versão foi revista em 2013.

www.ingramcontent.com/pod-product-compliance
Lightning Source LLC
Chambersburg PA
CBHW070849160426
43192CB00012B/2371